時間の解体新書

手話と産みの空間ではじめる

田中さをり

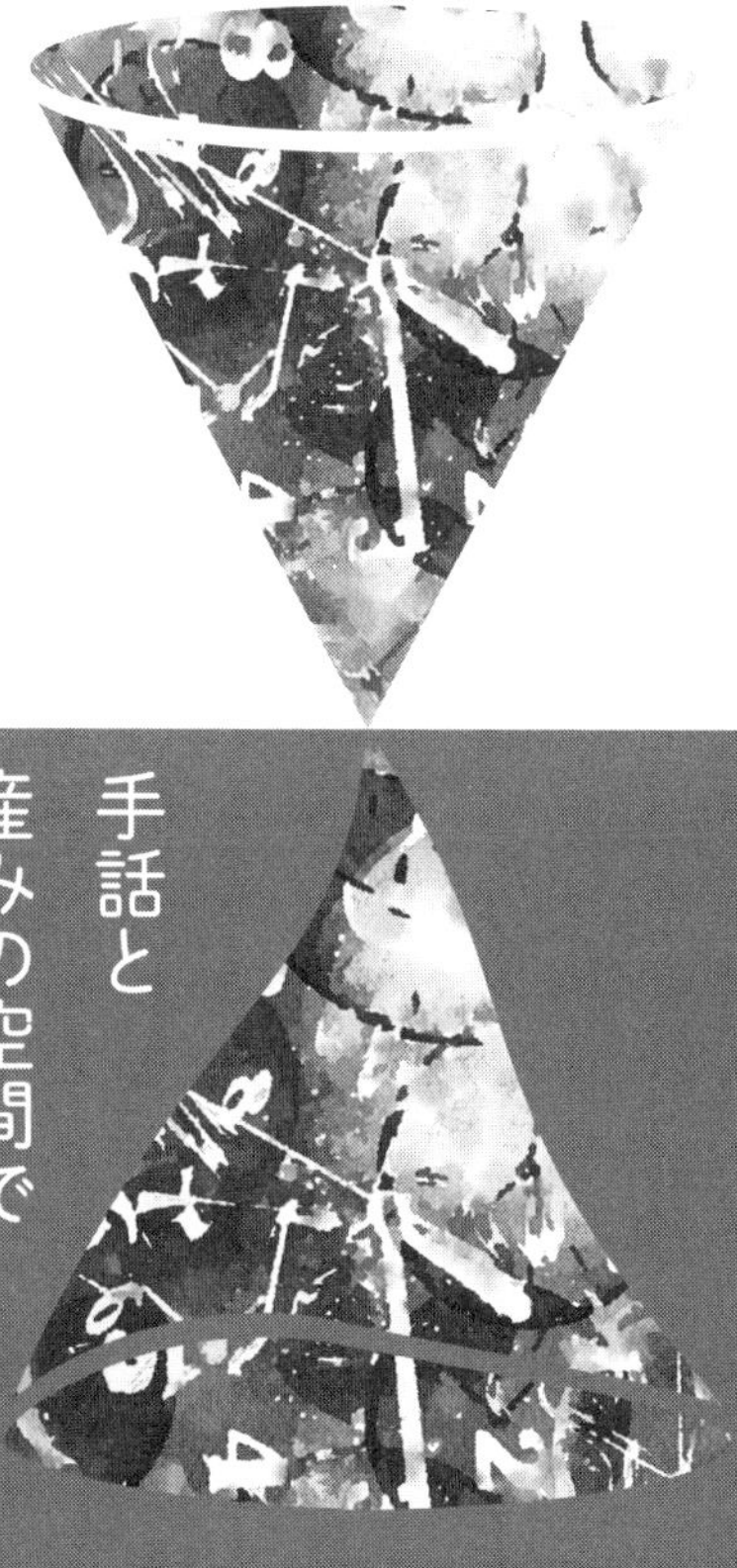

明石書店

装幀・北尾崇（HON DESIGN）

はじめに

私は現在、大学で広報の仕事に従事している。手話と哲学と情報科学を学んだのち、編集と広報に仕事の主軸を移して10年以上になる。業務上、日々あらゆる科学分野の最先端の発見に触れてきたものの、ただ一つ、「手話はなぜこれまで哲学の問題にならなかったのか」という問いは、どのように答えたら正しく答えたことになるのか、わからないままだった。

私が手話に初めて触れたのは、高校3年の夏だった。聾学校の先生という仕事を体験したいと思いたち、地元の聾学校を訪れ、手話と初めて出会った。私のすぐ上の兄には身体と聴覚に障害があって、幼い頃は家族だけに通じるホームサインで会話をしていた。成長するにつれ、家族で発明した身振り言語から、学校で習うような音声言語に会話の形式は移行したものの、聞こえない人がいる家庭に育った自分なら、将来聾学校で働くことができるかもしれない。高校生の私はそう考えた。

しかしこの予想は見事に外れ、当時の私には聾学校で使われている手話がまったく読み取れなかった。私が家で使っていたサインは、いわゆる模倣的な身振りで、動作や人の感情をわかりやすく単語化した合図であり、構造化された手話とは違っていたのだ。手話は、意味が読み取れそうで読み取れない細かな指先の動き、顔の表情、体や口の動きが一体化して連続的に産出される複雑な記号のように見えた。

私が訪れた聾学校には幼稚部から専攻科まであったのだが、低学年の子どもたちの使う手話でも、私には一単語も読み取ることができなかった。かろうじて、時々動く口の形から、何を言っているかを推測できたくらいだった。そんな手話初心者の状態で大学に進学して、地元の市が主催する手話通訳者養成講座で本格的に手話を学び始め、夏休みには聾学校の寄宿舎に生活支援ボランティアとして入り込み、4年間でなんとか基本的な手話での会話ができるようになった。

ところが、その後大学院で専攻した哲学分野で、また別の衝撃を受けることになる。当時私が所属していた哲学講座では、手話ができる人はおろか、手話の言語的特徴について話が通じる人が一人もいなかったのだ。現代の哲学分野では、人間の認識の問題から、言語の問題に主要な関心が移行してきているというのに、そもそも手話は考察の対象になっていないようなのだ。異なる言語モードで考えられたら、一つの言語の中だけに生じるような見かけ上の疑似問題を、これまで哲学の問題と言われてきたものから切り離すことに役立ちそうなものなのに。

この二度の衝撃は大きかった。「ホームサインを使っていたのに手話を読み取れなかったこと」と、「哲学分野で手話について話が通じる人がいなかったこと」。これは、身振り・手話・音声・文字というモードに、連続性と非連続性があることを示しているのかもしれない。

興味深いことに、学術的な哲学の議論で使われる音声言語と日常会話的な手話では、形式だけでなく、感覚的なイメージも異なる。一つの違いとして、哲学の議論を音声で聞いていても、位置関係が見えにくいことが挙げられる。例えば私自身は、誰かに過去の出来事を音声で伝えるときでも、声真似を交えてその場の様子が見えるように話す傾向がある。これは特に女性同士の会話にはよく見られる傾向だが、私は文章で書くときでも、その場の様子を記憶した映像をなぞるように文章化する。手話を使っているときは初学者ながらもこうした特徴がより顕著になる。一方で、哲学分野では、ピッチの高低差があまりない単調な音声で高速で発声する人が多くて、これは慣れるまでかなり時間がかかった。

大学内の哲学講座の講義などでは、書かれた原稿を読み上げたり、哲学書のテキストを引用したりしながら議論が進む。板書で図表を書いたりすることもあるものの、単語や物同士の位置関係はあまり重要視されず、空間が言語の文法に入り込みにくい議論のスタイルのように思えた。空間を文法化して、手や視線や身体のいろいろな場所を同時に使うことができる手話とは違って、哲学の議論は、時間軸上を細く早く流れる渓流のようでもあった。

このような違いが生む固有の哲学問題もありそうである。身振り・手話・音声・文字というモードの連続性や非連続性は、これまでの哲学の議論そのものを相対化する力をもつのではないか。

本書ではこうした問題意識をもとに、手話が既存の西洋哲学の文脈でどのように扱われてきたのかを見ていくとともに、手話の空間で既存の時間論を解体することを試みる。手話と音声の非連続性をできるだけ明らかにしていくつもりである。また、言語としてのこれらの連続性についても焦点を合わせるため、時間の延長にある生と死の問題の分析に、改めて「産む性」の視点を導入する。

「産む性」とは、文字通り出産する性のことであるが、ここでは「出産という出来事を時間の経過とともに体験しつつある女性」という意味で用いる。意外に思われるかもしれないが、産む性の視点には、手話と同様、空間的な思考が含まれている。出産の前後では、「私」と「子ども」、「私の出産」と「他の誰かの出産」というそれぞれ2つの視点が重なって会話の中に入り込むためだ。この複層性は、時間の問題の先にある、生と死の問題を考える上で強力な道具になる。

これまでの哲学には、手話や音声などの言語モードに関する制限だけでなく、ジェンダーの制約もあった。例えば、死の問題は議論の的になってきた一方で、人が人を産むという現象から思索を進めた哲学書はほとんど見られない。人類が生存している以上、出産という出来事は死という出来事よりも総数として常に多いはずだが、出産を語る哲学の語彙は本格的に構築されてこなかった。哲学の主たる担い手や言葉を届ける対象が男性に偏っていたことも一因である。こうしたことから、これまでの哲学の主たる担い手が前提としてきた人間観は、極めて限られたものであると言って良い。近年、哲学をギリシア起源の西洋哲学から、アジアやアフリカも含んだ視点で捉え直すため、地理的な制約を拡張していく動きはある。ただ、世界の様々な地域の時代を遡って人の思考を探ったとしても、言語モードやジェンダーの制約は課題として未だ残されたままなのだ。

本書の目的は、世界を認識する主体の多様性を示すことで、人間の定義とともに哲学そのものを拡張することにある。第一に、思考を支える映像性や空間性とその正確な表現力を兼ね備えた哲学があったならば、音声言語の枠組みに閉じられた哲学の問題を、より広い地平に開放できるのではないか。第二に、産む性に焦点を合わせ、産むことと死ぬことを同列に考えられる哲学があったならば、既存の男性を中心とする思考によって支えられた哲学を拡張できるのではないか。こうした二方面への拡張を試みながら、本書の議論は進められる。

本書の読者には音声言語話者が多く含まれるかもしれないので、手話空間を使った本格的な分析に入る前に、第1部では、既存の音声言語中心の哲学が、ろう者や手話と接触しながらどこでどうすれ違ってきたのか、その過程を追う。手話についての無自覚な偏見を引き離すことができた段階で、第2部では、20世紀に活躍した哲学者、ジョン・マクタガートが残した「時間の非実在性」の問題を手話空間で検証する。さらに第3部では、時間の問題の延長にある生と死の現実の問題を、産む性の視点から考える。

本書では、子との対話を一部の章の導入として付記している。対話のテーマは、声と音を区別すること、物の形を言語化すること、時間概念を獲得すること、死ぬことの意味を理解することなど、多岐に渡る。各章が扱う問題は一見とっつきにくいと感じられるかもしれないが、子どもが抱く問いから問題の核心まで誘《いざな》うことができればと思う。

もくじ

第3部　生と死の現実を産む性の視点で考える

第1部　手話と哲学者のすれ違い

1　声と魂の強すぎる結びつき

母　「人が出す音って騒がしいね」
息子「人が出すのは音じゃなくて声だよ」
母　「そうか、じゃあ車が出すのは？」
息子「音だよ」
母　「それじゃあ声と音の違いは？」
息子「そんなこともわからないの？　生き物が出すのが声、ただのモノが出すのが音だよ」
母　「ふーん、じゃあ、ロボットは？」
息子「ロボットは生き物っぽいから、声だよ。ペッパーもオーケーグーグルも声」
母　「じゃあ、ゆみちゃん（手話で話す聞こえない母の友だち）は？」
息子「ゆみちゃんは話す時には声を出さないよ、笑う時は出るけど」
母　「そうか……」

声と音の原理的な理解

息子はその頃、小学3年生だった。「音」と「声」がそれぞれ何を指すのか、その違いを理解していた時のことだ。言葉を伝えるために人間の口から出されるのは、「声」。夏の訪れとともに木々の間から聞こえるセミの鳴き声も「声」。空高く飛ぶ鳥の鳴き声も「声」。そして、物がぶつかった時に出るのは「音」。

人工知能の研究で使われる手法の機械学習のように、世界中のあらゆる音声を基に、それが「音」なのか「声」なのかのラベルを付けて取り込んだわけではないのに、子どもはこれらを正しく区別して認識する。この区別は、経験による膨大なデータの吸収のみに支えられているのではなく、何らかの原理的な理解に根付いているようにも思える。すなわち、まずその主体が「生き物かどうか」という基準で「声」と「音」を区別し、生き物っぽいモノが出すものは声と分類する。それから、手話を使う友だちには、笑う時以外は滅多に声を出さない人もいることを確認する。こうした原理と経験知による理解の過程は、大人にとっても比較的わかりやすい「声」と「音」の区別の仕方でもあろう。

古代ギリシアで活躍した哲学者アリストテレス（前三八四年～前三二二）は、このような理解とは異なる考えを提示していた。彼は、生き物の多くが声を出すという経験的な知識から、声と魂を強固に結びつけたのだ。では、このアリストテレス的理解は、その後の手話の担い手である人々の歴史にどのような影響を与えたのか？　これがここでの主題である。

アリストテレスの捉えた魂の仕組み

アリストテレスは、紀元前三二二年にこの世を去っているので、当然現代哲学者でその声を聞いたことがある者はいないが、その著作の断片は古代ギリシア語からシリア語、アラビア語、ヘブライ語、ラテン語を経由して、ヨーロッパ諸国の言語に翻訳され、明治期を境に日本語にもなり、今日まで世界各地で継承され、議論されてきた。哲学だけでなく、生物学などの自然科学に関わる著作も多いことから、「万学の祖」と呼ばれている。急速に科学が発展した現代の知見から、当時のアリストテレスの理解が不十分であったり、誤っていたりすることはしばしば指摘されることがある。ただ、「声」に基づいた「魂」の原理については、声以外の言語の観点から深く論じられたことはあまり多くない。声と言語と魂の結びつきは、それほどまでに自明視されてきた。

声ではなく、手話を使う人々について、この時代にどのように理解されていたのかを探るためには、アリストテレスの残した著作から、身体障害や聾者と接点をもつ点を探る必要がある。ここでアリストテレスの膨大な著作の海を先導する水先案内人として、19世紀に活躍した聾者知識人の力を借りよう。フェルディナン・ベルティエ（一八〇三〜一八八六）は、先天聾としてフランスに生まれ、国立聾学院（一七六〇年に創立された世界最初の聾学校）を卒業後すぐ同学院の教員となり、後に教授として数々の著作を残している。ベルティエのエッセーで批判的に登場するアリストテレスの文献を中心に、「動物の分類」、「能力と欠如という概念」、「魂とは何か」という関連する3つのテーマから、関連する箇所を抜き出して、検討を進めて行こう。

1．「胎生四足の動物は、それぞれ違った声を出すが、言葉のあるものはなくて、これはヒトに特有なものである。すなわち、言葉のあるものには、声もあるが、声があるからといって、必ずしも言葉があるとは限らないのである。また、生まれつきの聾者は、みな唖者でもある」『動物誌』第4巻第9章536bより（島崎三郎訳、一九一頁、岩波文庫、一九九八年）

アリストテレスは動物を分類する際、まず血があるかないかで、「無血動物」と「有血動物」に分けている。さらに、「有血動物」の中で、子宮があって足が4本ある動物を「胎生四足類」とし、ウマやウシなどの人間以外の哺乳類を含めている。当時の社会の中で、人間以外の動物は声を出すものの、言葉を話さないという経験知は共有されていた。アリストテレスはこのことを確認した後、唐突に、生まれつき耳が聞こえない者は唖者だと言う。では、ここでいう「唖者」とは一体どういう「人」を指しているのか。その手がかりとして、魂に関する次の文献を見てみよう。

2．「……空気は呼吸されると、内部へ入っていかなければならない。従ってこれら〔肺と心臓〕の部分における霊魂によって動かされて吸い込まれた空気がいわゆる気管を打つと、その打撃がすなわち声だということになる。また声は、咳のように、呼吸された空気のたんなる運動ではない。むしろ有魂のものはこの吸いこまれた空気を以って気管の中にある空気を気管に打ちつけるのである」『霊魂論』第2巻第8章420b-421a より（『アリストテレス全集6』山本光雄訳、六七－六九頁、〔　〕内は訳者による補足）

「霊魂」の原語のプシュケー（ψυχή, psyche）は、生物を無生物から分ける生命の働きを説明する原理としてアリストテレスが捉えたもので、晩年の著作『霊魂論』の主要なテーマとなっている。ここではまず、実体が魂ナシ（無魂）と魂アリ（有魂）のものに分けられる。有魂のものには声があり、有魂のものの中でも動物は音を発しているとされる。人間の場合、魂によって動かされて吸い込まれた空気が気管を打ちつけ、意味のある声をだすことができる――アリストテレスは、こうした声による動物の分類により、「魂」と「息」と「声」と「言語」を互いに結びつけた。ベルティィエのエッセーには参照されていないが、もう一箇所、「魂とは何か」というテーマで関連するテキストを見てみよう。

3.「……付帯的にではあるが聴覚は叡智に対してはもっとも大きな役割を勤める。というのは言論というものは聴かれるものであって、それは学知の原因となるものだからである。もっともそれは直接的にではなくして間接的にではあるが。というのは言論は単語から構成されており、単語の各々は符号だからである。この故にまた生まれながらにしてどちらかの感覚を欠いている者のうち、盲の方が聾唖者より一層叡智的なわけである」『感覚と感覚されるものについて』437a より（『アリストテレス全集6 自然学小論集』副島民雄訳、一八三－一八四頁、岩波書店、一九六八年）

「魂」と「息」と「声」と「言語」を結び付けた後、アリストテレスは分節化された声が、人の聴覚を介して言語として伝わることが、最もその人の叡智に寄与すると考えた。ここで「叡智」と訳されている原語はフロネーシス（φρόνησις, phronesis）で、これは善悪の判断をもとに行為を正しく選択できる性格、思慮深さを指す。[2]

では、このフロネーシスに聴覚の働きが最も寄与するという前提において、「唖者」とはどんな「人」として捉えられているのか。「唖者」の原語の eneos (ἐνεός) には、「言語を発声できない (speechless)」という意味だけでなく、「分別のない (senseless)」という意味がある。現代のギリシア人聾教育研究者のリンによると、17~18世紀の啓蒙時代より以前は、文化と発話と言語と理性が互いに結び付けられており、聾者の「聞こえない」という身体的条件と「言語を発声できない」という症状の違いが不明瞭であった。このために、古代ギリシアで活躍した歴史家ヘロドトスの著作においては、deaf (κωφός) と speechless (ἄφωνος; ἐνεός) が区別されずに使われているという。[3] ただ、アリストテレスの言う「唖者」が、音声言語を発声しない人なのか、分別のない人なのか、明言はされていない。

ここで、聴覚という一つの感覚が人の思慮深さ《フロネーシス》にとって最重要視されている点を理解するためには、アリストテレスの捉えた魂の仕組みをもう少し詳しく知っておく必要がある。アリストテレスは、人が魂をもって生きているということは、感覚や器官をもつ身体のさまざまな働きにおいて実現していることだと考えた。その魂について、同時代の人々は、「理性《ヌース》」・「感覚」・「場所の運動と静止」・「栄養による衰弱や成長」といったように多様な意味で語ってきた。こうした能力を駆動する「原理」として魂を捉えることで、魂に対する人々の常識的理解を取り込みながら、アリストテレスの『霊魂論』は展開している。ここで、魂には二つの重要な状態の区分があるとされる。これらの能力が潜んでいる状態である「可能態」と、能力が発揮されている活動状態である「現実態」である。アリストテレスは、「元々そなわっている能力(＝可能態)」と、「能力が発揮されている活動(＝現実態)」が組み合わさった働きとして魂を捉え直すことで、魂と身体を統一的に考えることができる、と考えた。彼の師のプラトンは身体と魂は独立と考えたため、ここで独自の議論を展開しているのだが、これを補強するために、聴覚や視覚という感覚を欠いた人間の事例として、聾者や盲人が事例として引き合いにだされているわけである。

具体的には、聴覚や視覚などの感覚が完全に欠如しているのでなければ、「見る」や「聞く」などの能力は可能態として常にその人の身体に備わっているとされる。人が寝ている場合でも可能態として聴覚や視覚が身体の機能として存在し、起きている場合はこれらの可能態が能力を発揮して、現実態となる。しかし、聴覚が生まれつき機能していない場合、言論を聞くことができず、その人が思慮深く考えるために本来備わっているはずの魂の働きが阻害されてしまう。アリストテレスはこのように考えた。このため、「生まれながらにしてどちらかの感覚を欠いている者のうち、盲の方が聾唖者より一層叡知的」とされたわけだ。

当時のギリシアでは、聾教育の手法が確立されておらず、「耳が聞こえない」ことと「言葉が話せない」ことは互いに置き換え可能な事態ではあった。しかし、本書がここで注目する問題は、こうした状況的事実そのものではない。アリストテレスが自身の構築した魂を中心とする生物体系の中で、現実に存在する人間を「唖者」と名指して、使ったことにある。

不安定な生物の分類体系

この「唖者」という名指しには、アリストテレスの霊魂論の体系全体を考える上で致命的な問題がある。魂の働きを基にした生物体系に「唖者」を組み入れようとすると、「唖者」がどのような個別的な特性をもった人であっても、生物体系そのものに歪みが生じる。例えば、「唖者」が声を出さない人だとすると、声があるかないかで動物と人間を分けたこととつじつまが合わなくなる。また、「唖者」が無分別な人だとすると、今度は人間一般の魂の能力に思考能力である理性を含めたこととつじつまが合わなくなる。ここでアリストテレスが行なったように、あって然るべき能力が欠けているという「欠如」の論理を持ち出したとしても、例外が増えれば、動物と人間を区別する基準が揺らぐ。「唖者」は、アリストテレスが構築しようとした生物体系の枠組みの中で、その限界に押しやられた存在であり、同時にこの体系が不完全なものであることを象徴する存在でもある。実はこのことが、現代の聾教育の文脈でも、アリストテレスの人間理解について解釈の幅を生じさせていると考えられる。例えば、アリストテレスは「耳が聞こえない者は無分別で教育不可能であるとした」と解釈される他方で、「聾教育に関しては何も直接的なことを言っていない」」、「聾児が教育の対象とされてこなかったことに対する不当な責任を負わされてきた」など、聾教育の領域ではアリストテレスの評価について、統一した見解が示されていないのだ。[4]

こうした解釈の幅を生じさせる要因となっているのは、生物としての「息」と、人間としての「声」と、人間固有の「言語」が結び付けられて「魂」が定義される限り、理性を人の魂の能力として組み入れることと、「唖者」の存在を人として認めることは単純には両立しないことにある。このような生物の不安定な体系的理解は、社会の中で生きている人々にも影響を及ぼす。アリストテレスが考えたような「魂」の定義を見直すのではなく、「人」の側を切り捨てることは、実際に起きていることでもあるからだ。

現代においても、「自由」や「能力」をめぐる哲学的議論の文脈において、人間を何らかの本質で規定することによって、規定の限界に人々を追いやってしまう事態が生じている。[5] そしてその概念上の存在者は、現実に生きる人々と重ね合わされ、この人々の社会の居場所を、生きる権利を、実際に侵害しうる。聞こえないという身体環境と、「言葉が発声できない」という症状が切り離されて考えられている現代においてさえ、言語は発声されるものであり、知性は発声された言語により発達するという一般的な信念は、人々の中に継承されている。まずはそのことに自覚的になる必要がある。

人の本質を定義して、その本質を発揮するために生きることが「善き生」であると考えるアリストテレスのような目的論的な理解は、これを維持する限り、その本質を体現している人々と、それ以外の人々を分離させる。分離が生じるならば、それは果たして人に対する正しい本質規定だったのかという反省もなされるべきだ。しかしその議論の場にいるのは、限られた種類の人々だけなのだとしたら意味をなさない。

アリストテレスよ、同じ社会に生きる人々を「唖者」と呼び、生物体系の限界に追いやったことにあなたは自覚的だったでしょうか。目的論的な人の「善き生」とその理解が、やがて大きな現実問題を生むことを、あなたのいう「理性」は知っていたのでしょうか。

2　手話－口話論争のジレンマ

日常生活の中で、手話を使う人々の存在をそこまで深く認識したことがないという読者も多いかもしれない。しかし、一旦手話を身につけると、手話で話している人々の姿はすぐにわかるようになる。日本だけでなく、世界を旅している時でも同様に。例えばイタリアは、聞こえる人でもジェスチャーをよく使う国だが、それでも手話を母語とするろう者達の存在感とは異なる。哲学分野の研究者が依拠することが多いのは、戦火をかいくぐって残された古代の文字と、それらを書き写して翻訳されたテキストで、文字の向こうで生きた人々の姿形を想像する機会はあまり多くはないかもしれない。しかし、手話分野の研究者は、人々の間で受け継がれてきた手話を、現代を生きる人々の身体を通して見ているのだ。分野外の人々からは「手話は万国共通ではないのか」と聞かれることも多いが、もちろんそんなことはない。例えばイギリスとオーストラリア、日本と台湾など、植民地支配の影響で類似性の高い地域はあるものの、世界各国で様々な手話が用いられている。現在、手話を法的に認知している国は20数カ国に上ると言われ、日本には日本手話を母語とするろう者が約6万人いると推計されている。[6]

このような手話を巡るテーマを考える際、「人間」を中心に考えることが決定的に重要である。ここでは歴史について見ていきたい。手話についての歴史の変遷を辿ることは、古代から現代まで手話の担い手であり続けてきた「人間」に目を向けるということでもあるからだ。

さて、手話を巡って、現代まで各国で論争が巻き起こってきた一つのテーマがある。聾学校での学習言語には、「手話」と「口話」のどちらが適切なのかという問題だ。この問題を切り口に手話を巡る歴史の変遷を辿っていこう。聾学校とは、耳の聞こえない、あるいは聞こえにくい子どもたちのための学校で、「口話」とは、文字通り「口で話すこと」である。

昭和初期、京都の聾学校で数学を教えていた岡本稲丸は、聾教育の現場での手話と口話をめぐる対立について論じている。岡本は、この手話–口話の対立のおおもとには、「西洋流精神（口）・身体（手）の二元観」があると指摘している。[7]「精神＝口」、「身体＝手」という対応関係を示した岡本のこの指摘は、問題のありかを鋭く見抜いている。音声言語の場合、言語の構音器官が口より奥にあるため、音声言語の方が「精神」により近く、手話の方が「身体」により近いという考えが、口話での教育を推進する教育者たちの隠れた前提にあると岡本は見抜いていたのだ。すなわち、口話教育の推進派は、身体から遠く「心」に近い音声言語の方が、人間固有の「理性」を発揮するものと考えている、と。

今、特に何の説明もなく使った、「言語」・「精神」・「身体」・「心」、そして「理性」。これらは、古代ギリシア以降の哲学者たちの議論において鍵となる概念であり、こうした概念をめぐる哲学上の議論と「手話－口話論争」は、確実につながっている。岡本が見抜いた対応関係は、哲学者によって生み出された問題でもあるのだ。

古代ギリシア哲学と手話の接点については、前章で触れた通りだが、「手話－口話論争」という教育上の問題もまた、古代ギリシアで活躍したアリストテレスをことの始まりとして、各地の神学者・哲学者・教育学者・心理学者などを巻き込み、一種のジレンマとして引き継がれてきた。ここでは、このジレンマと、聞こえない人々のアイデンティティの問題に焦点を絞って、歴史的な事情を見ていこう。

「手話－口話論争」のジレンマとは、次のような板挟み状態を指す。聞こえない子どもにとって、手話が最も適切な学習言語であることを仮に認めたとしても、音声言語話者が多数を占める社会の側が、多様性に寛容で、マイノリティの権利を擁護する体制でなければ、大人になった本人が生きづらいことになってしまう。手話が社会で普通に使えないうちに学校現場での共通言語として認めることは難しく、その一方で学校現場での共通言語として認められないうちは、手話が社会で普通に使える日も遠のいてしまう。こうした板挟み状態の中、聾学校として、どちらの言語を教育に適した言語とするべきか、議論が続いてきたのだ。

転換点

歴史上、一つ目の転換点になったのは、一八八〇年にミラノで開かれた第2回国際聾教育会議だといわれている。手話の使用を聾教育の現場で禁止するとした決議は、口話主義がこれまで教育の現場で優勢となってきた要因の一つとされている。

そして二つ目の転換点が二〇一〇年にカナダで開かれた第21回バンクーバー会議であ

る。ここでなされた宣言は、日本語に翻訳され、文部科学省のウェブサイトにも掲載されているので全文はそちらを見ていただくとして、[8] ここではひとつだけ宣言の中身に触れておこう。

・国家が合法的に承認する言語に、自国のろう市民の手話を追加し、多数派である聴者の言語と平等に取り扱うことを、すべての国家に要求します。

バンクーバー会議では、手話が各国の言語の一つとして正式承認されるように聾教育関係者が求めたのである。さらに、二〇〇六年に国連の障害者権利条約で手話が言語として明記されたことを受け、二〇一一年に国内法の障害者基本法が改正された際に、手話を言語に含む規定が追加された。

・全て障害者は、可能な限り、言語（手話を含む。）その他の意思疎通のための手段についての選択の機会が確保されるとともに、情報の取得又は利用のための手段についての選択の機会の拡大が図られること。[9]

さらにこの障害者基本法について、手話習得に必要な施策を講ずることを含む次の付帯決議がなされた。

・国及び地方公共団体は、視覚障害者、聴覚障害者その他の意思疎通に困難がある障害者に対して、その者にとって最も適当な言語（手話を含む。）その他の意思疎通のための手段の習得を図るために必要な施策を講ずること。

言語に「手話を含む」とした規定と付帯決議を受け、現在では、各地の自治体で手話言語条例が制定され始めている。国際的な議論を経て、日本における「手話－口話論争」のジレンマは、社会の側が手話を言語として認める法整備を進め、手話を聾学校の学習言語とする環境を整える方向で、解消が図られようとしている。

「手話－口話論争」のジレンマは、これまで聞こえない子どもたちを教育する立場から注目してきたが、聞こえない人自身の考え方を示すものとして、バンクーバー会議の宣言では、「ろう市民」と「聴者」という言い方がなされていることに注意されたい（英語で「ろう市民」は「their Deaf citizens」でDが大文字になっている）。

これは、世界中の聞こえない人たちが聞こえる人たちの社会に過度に迎合することなく、自身の手話言語に誇りをもった存在として、認知されるようにすべきだという提言でもあることを意味している。

学校での教育方針が大きく揺れ動くなかでも、聞こえない子どもたちは、立派な大人になってきた。日本では、そうした人々に対して用いられるいくつかの呼称がある。医学的見方ではなく、日本手話を使う言語的少数者としての「ろう者」。さらに、音声言語を獲得後に聴力を失った「中途失聴者」、聞こえの程度に注目する「難聴者」。複数の障害を合わせもっていることを示す「重複障害者」。聞こえない親の元で育った聞こえる人もいて、こちらはコーダ（CODA: Children of Deaf Adults）と呼ばれている。全日本ろうあ連盟と、全日本難聴者・中途失聴者団体連合会という、それぞれの当事者のニーズを社会に訴える活動をしている団体もある。こうした主体を指す言葉は、聴力の程度だけでなく、自分自身をどう規定していくかというアイデンティティの問題が関わるため、どの呼称を使うか、どの団体に所属するか、あるいはしないのかは、その人自身の選択でもある。

なぜ、呼称がアイデンティティの問題に関わるのかというと、聞こえる人々の世界では、長らく聴力と言語能力が結びつけて考えられてきたためだ（私自身は、聞こえない兄とともに成長する過程で、こうした世間的理解を逆に学んでいった）。そうした理解のもと、補聴器などで聴力を補いつつ音声言語の世界で生きるのか、聞こえないままの状態で手話を使って生きるのか、必要に応じてその両方を使い分けるのか、他のさまざまな選択をしてきた多様な人々がおり、それは、自身の生き方への誇りや、アイデンティティが深く関わっている。

少し想像してみて欲しい。例えば、今あなたに、こんな手紙が届いたとする。

「生物の中でも人間だけが言語を話す機能を持っていて、それは感覚のなかでも第六感が支えていると昔の偉い哲学者が言っています。これからは、社会の大事なことを第六感保持者だけが集まって決めます。あなたは検査の結果、第六感の機能が欠如していることがわかったので、どうやら言語を使って思考する能力はなさそうです。したがって教育を受ける権利も、相続する権利も、子をもつ権利も放棄してください。また、すでにいるあなたの子どもも第六感が欠如していることがわかったので、将来のために脳の手術をする必要があります」。

私がもしこの手紙を受け取ったら、第六感がないことがそんなに特別で重大なことであることに驚き、同じ境遇の人たちに相談するだろう。そして、第六感がない者としての自覚を新たに形成して、反論のために準備をするはずだ。世界中のろう者達の歴史は、こうした状況と似ているように思う。

ただし、現実はさらに複雑で、「手話」という言葉に注目した場合でも、複数の分類がある。言語学的観点からは、日本には、独自の文法構造をもつ「日本手話」と、日本語の語順に従う「日本語対応手話」（手指日本語）、その二つの「混合手話」（中間型手話、ピジン言語とも言われる）があるといわれている。

さらに、ろう者／中途失聴者／難聴者／コーダと、日本手話／日本語対応手話／混合手話／音声日本語が、主体とその使用言語として一対一で対応しているわけではない。話す相手が誰なのかによって手話の表現は変容する。互いの手話が通じない時には手話間の通訳が入ることもある。また、生命倫理の問題としては、聞こえないことを治療の対象にするべきなのかをめぐって、ろう者たちの共同体と、聞こえない子をもつ聞こえる親の間で緊張関係も存在する。[10] こうして手話の問題は、教育上のジレンマ、自己規定の問題、言語学上の分類、そして倫理的な問題として扱われてきた。しかし一方で、哲学の問題として真正面から扱われることはこれまでほぼないままだった。その数少ない例外的な事例を次に見ていこう。

3　音象徴と図像性

母　「あ、見て見て、あの雲、鱗雲《うろこぐも》っていうんだよ」
息子　「ウロコって何？」
母　「お魚の背中みたいに、あんなふうにまだらになってる形のことだよ」
息子　「まだらって何？」
母　「うーん、ばらばらになってる形のことかな」
息子　「で、お母ちゃんはウロコが好きって言いたかったの？」
母　「違うよ、ウロコ雲っていう名前のことを教えたかったんだよ」
息子　「あはは、意味なかったね！」

鱗雲と障子紙のまだら

息子が４歳の時、私は「鱗雲《うろこぐも》」という雲の種類があることを伝えるために、「鱗」と「まだら」という二つを使って説明を試みたことがあった。しかし、新しい言葉を二つ以上使って説明を試みたことで、これは失敗に終わった。物の形状とその名前を音声言語で伝えるのは、骨の折れる作業でもある。言葉を音で尽くしても尽くしても、形そのものに迫ることはできないからだ。息子がもし、耳の聞こえない子どもだったならば、私は「鱗雲」という新しい言葉を手話で伝えようとしていたはずで、そうすれば、確実にその言葉の意味を教えることができたのではないかと思う。例えば……


「あ、見てみて、あの雲、名前、鱗雲って言うの、わかる?」

「ウロコ?」

「お魚あるでしょ、背中のここのところとあの雲、似てるでしょう?」

「ああ、似てるね!」

「お魚の背中のここのところ、ウ・ロ・コっていうの」

「ほ〜、あの雲はウロコ雲だね!」

と、こんな具合に。しかし、私は音声言語話者である息子に、「鱗雲」という言葉を、雲を実際に一緒に指差して見ながら、その形を「魚のウロコ」や「まだら」という言葉を使って説明せざるを得なかった。「ウロコ」を「まだら」に言い換えても、雲の形状を喩えただけなので、形状そのものの意味を伝えることはできず、何とももどかしい。

ここで「まだら」という日本語に注目してみると、鎌倉時代末期（一三三〇〜四〇年頃）に書かれた徒然草にもそれは登場する。その昔、鎌倉幕府第5代執権北条時頼の母、松下《まつした》禅尼《ぜんに》と兄の城介義景《じょうのすけよしかげ》との会話に「まだら」は残されている。禅尼が息子の時頼を屋敷に招き入れる際に、障子紙の破れたところだけを修繕していたところ、支度のために屋敷を駆け回っていた兄の城介義景が慌てて声を掛けた。曰く、

「皆を張りかへ候はんは、はるかにたやすく候ふべし、まだらに候ふも見苦しくや」

（障子紙は全て張り替えた方が、はるかに簡単でございましょう。まだらになってしまいますのも見苦しくはありませんか）

禅尼は「物は破れたところだけ修理して使うものだと時頼に教えるのです」と答え、質素倹約の母としてその名を後世まで知られることになった。

障子の一部張り替えというエピソードが後世に伝わることをこの母は予想していなかったであろうが、ここで私が注目するのは、義景と禅尼の目の前にあったはずの「まだら」の示す様である。破れた障子紙を上から貼り直すことで表面が凸凹になって均一ではない様子を形容するために「まだら」は使われた。この意味での用法は現代でも十分通じる。鱗雲を形容する言葉として、私が息子に示した「まだら」の用法とも合致する。

松下禅尼（江戸時代菊池容斎画）

　とすれば、「まだら」が持つ意味は七〇〇年あまりのあいだ変化せずに一貫していることになる。鱗雲と一部補修された障子紙は見た目も質感も似ている。しかし、残念なことに、いくら受け継がれた言葉の意味が一貫していて、事柄に対する正しい形容詞を使ったとしても、形容するものと形容されるものの必然的な繋がりが分からない子どもにとっては、新しい言葉の意味理解の手がかりにはならない。形と音は、直接的な結びつきを持たないのだから。

名前の正しさを保証するもの

では、形容するものとされるもの、名付けるものと名付けられるものの間には、直接的な結びつきは一切あり得ないだろうか。この問いは、「言語における自然性と恣意性」として、長らく議論されてきた哲学の問いでもある。最初期の問題提示は、古代ギリシアで活躍した哲学者プラトン（前四七二年〜前三四七）が残した著作『クラテュロス』にまで遡る。

『クラテュロス』には、事物の名前の正当性を保証するのは何かという問題をめぐって、ある対話が記されている。ここでの登場人物は３人。最初の登場人物ヘルモゲネスは、名前は個々人の勝手な取り決めによって決められているにすぎないという立場。次のクラテュロスは、事物の本性を表しているのが名前であると考える立場。これに対して、ソクラテスは、この二人に突っ込みを入れる立場。このうちヘルモゲネスとソクラテスの対話に、手話が話題になっている場面がある。合わせて見ていこう。

ソクラテス：仮にもしわれわれが声も舌ももっていないで、お互いどうしに対して事物を示そうと欲するとするならば、どうだろう、そのばあいわれわれは、現実に啞の人たちがやっているように、手や頭やその他の身体の部分を使って表現しようと試みるのではないだろうか。
ヘルモゲネス：もちろんです。他にどんな方法がありましょう、おおソクラテス。
ソクラテス：例え仮にもし——ぼくが思うには——われわれが上方にあるもので軽いものを表わしたいと欲するならば、われわれは天に向けて片手を上げることだろう。つまり、当の事物の本性そのものを模倣する〔まねる〕わけだ。他方もし下にあるもので重いものを表わしたいならば、地面の方向にね〔手を差し伸べることだろう〕。

また走っている馬とか、その他の動物を表わそうと欲するばあいには、無論君にもおわかりのように、われわれ自身のからだと姿勢をその動物のそれに、できるだけ似せることだろうね。(『クラテュロス』422D-423Aより〔『プラトン全集2』水地宗明、田中美知太郎訳、一二〇―一二一頁、岩波書店〕)

ソクラテスは、名づけが正しく行われているかどうかを示す根拠の一つとして「事物の模倣」を検討し、その過程で手話に注目していた。

手話を使えば、目の前に見えている事物の特徴を抽出して、身体を使って真似ることができる。その模倣されたものが名前の中に残されているならば、例えそれが抽象化された描写でも、名付けられるものと名前そのものには、何らかの結びつきがあるはずだ。ソクラテスはこう考えた。しかし、事物を声で名付ける場合、名付けられるものと名前そのものの結びつきを立証することは容易ではない。恣意的な記号が介在するためだ。この難しさゆえに、「言語における自然性と恣意性」の問題は、哲学の長い歴史の中で形を変えて繰り返し論じられることになる。

声の音象徴

古代ギリシアで議論されてきた事物と名前の関係は、その後、「言語の起源はどこにあるのか」という問題に発展する。16〜17世紀のヨーロッパ諸国では、各国の言語は、一つの「原初の言語」から派生したという説が真剣に吟味されるようになる。中でもドイツの哲学者ライプニッツ（一六四六〜一七一六）は、驚くべき説を展開している。ライプニッツは数学の微分・積分をニュートンと独立に考案したことでも知られる。その彼が、言葉として最初期の「原初の言語」にドイツ語が最も近いことを証明するために、蛙の鳴き声の擬声語がドイツ語の蛙の鳴き声を意味する動詞に混ざっていることを高らかに示したのだ。

私たちの諸言語が派生的なものだとしても、それでもその根底には原初的なものを自らのうちにもっているのです。それは、偶然とはいえ自然的な理由に基づいて後になってその言語に形成された新しい根本語に関連して、私たちの言語に加わったものです。動物の鳴き声を意味する言葉やそれに由来する言葉が、その例としてあげられます。たとえば、蛙に割り当てられた coaxare［ケロケロ鳴く］というラテン語は、couaquen あるいは quaken というドイツ語と関連があります。[11]

ライプニッツの例示した音の近しさを確かめるため、quaken［ガーガー鳴く］という現代ドイツ語の動詞の音を聞いてみると、確かに蛙の鳴き声に似ている。現在日本に生息する蛙の鳴き声辞典で比べると、ヌマガエルに近い。また、quaken に当たる中世の英語で、croak という名詞がある。quaken と croak を聴き比べてみると、ドイツ語の方が確かに蛙の鳴き声に似てはいる……。

ライプニッツのこの奇妙な主張の背景には、言語は神から最初の人間アダムに与えられたとする「言語の神授説」があるのだが、ライプニッツはここでこの神授説を次のようにオリジナルに発展させている。

(1)音声と事物の結びつきが強ければ強い言語ほど、原初の言語の痕跡が残されている。
(2)派生語の中でも、音に事物の特徴が残されている「音象徴」の特徴を多く持つ言語は、他と比較して原初の言語としての正統性がある。

この議論のうち、肝心の「音象徴」の例に挙げられているのが、蛙の鳴き声なのだ。蛙を通してドイツ語の優位性を示そうとした哲学者ライプニッツの姿勢は、悪い冗談のようでもある。その一方で、蛙の声は、日本では古くから詩歌に登場するため、蛙の声が原初の言語の証拠として提出されていることはどこか胸に迫るものがある。

というのも、ライプニッツの生きた時代より遥か昔の10世紀ごろに日本で編纂された古今和歌集の序文を見ると、「花に鳴くうぐひす、水に住むかはずの声を聞けば、生きとし生けるもの、いづれか歌を詠まざりける」と紀貫之が記しているのだ。紀貫之とライプニッツでは、蛙の声を中心とした神と人間と言葉の捉え方が全く異なる。紀貫之の描いた世界では、蛙の声を聞いた人間は自ずとそれを歌（言葉）に残し、その歌が鬼神の心さえも揺さぶるため、言語（歌）の起点は蛙の鳴き声だが、ライプニッツの場合、言葉の起点は、蛙の声ではなく、神にある。

ライプニッツが示した音象徴の議論はその後、このままの形で後世に継承されたわけではない。音象徴の研究自体は、20世紀以降の心理学や認知科学、脳科学の分野において、人間の身体における生理的基盤を探求する科学として発展している。ライプニッツの音象徴論は、自然科学の研究対象として現代に引き継がれたわけだが、言葉の起点であった神は、脳に取って代わられたとも言える。蛙の声は自然の中に残されたまま。

瀬を速み落ち激ちたる白浪にかはづ鳴くなり朝夕ごとに
（川の速水が落ちて激しくなり白波がたっている。その音に応じてカジカガエルが朝も夕も鳴くことだよ。万葉集、詠み人知らず）

手話の図像性

さて、ライプニッツがドイツ語の蛙の鳴き声を示す動詞に見た音象徴と同様の視点を、手話表現の中に見ていた哲学者がいた。20世紀初頭に活躍したドイツの哲学者で、実験心理学者として功績を残したヴント（一八三二〜一九二〇）である。ヴントは、大著『民族心理学』のなかで次のように述べている。

原初の言語（Ursprache）は、音声言語における純粋な限界概念であるが、手話においては直接に観察することができると言える。[12]

ここで言われている「限界概念（Grenzbegriff）」とは、ドイツ人哲学者のカント（一七二四〜一八〇四）の用いた哲学用語で、人間の感性による認識を介して世界を感知する限り、存在する物そのものの在り方には決して届かないことを示す概念を表す。「限界概念」は、ここから先は人間の認識が届かないことを示す、霧の中で光る灯台のようなものだ。

ヴントによると、「原初の言語」はあくまで仮想的な想定であり、私たち人間がその原初の言語を直接的に知覚したり、観察したりすることはできない。したがって、原初の言語は、音声言語話者にとっては、人間の認識の限界を知らしめるまさに「純粋な限界概念」といえる。今話されている音声言語をもとに、どんなに哲学的考察を深めても、どんなに科学的実験を繰り返しても、原初の言語そのものの実像に迫ることができないからだ。その一方、手話においては、原初の言語を直接的に観察できる。ヴントはこのように考えた。ヴントの著作には、手話の技能をある程度身につけていたことを示す箇所がいくつも見られ、哲学史に名を残した者の中では稀に見る本格的な手話学習者と言ってもいいかもしれない。そのヴントは、手話表現に見られる、目で見てわかる特徴抽出、すなわち「図像性」に注目していた。音声言語における「音象徴」・「擬態語」・「擬声語」・「オノマトペ」といった聴覚的に抽出された物事の特徴は、手話においては視覚的に抽出された物事の特徴である「図像性」として形を変えて現れる。特徴の抽出に用いられる感覚が異なるだけで、物事の模倣や描写という作業において、音声でも手話でも同じ発想である。しかし、手話においてのみ「原初の言語」を直接観察できる。ヴントはこう考えた。その根拠として、次の2点を挙げている。[13]

(1)新しい手話表現が今も生まれていること
(2)慣習化された手話にも新しい手話にも高いレベルの図像性が見られること

事物の形や動きは、今でも話者たちが表現するたびごとに新しく切り取られて再現される。この図像性に、ヴントは手話における「原初の言語」性を見たのだ。音声言語の場合、音によって意味が何百年も前から引き継がれるが、手話には事物を話者の手によって型取り、それを言語として伝える働きがある。ヴントは、手話のこの働きを、音声言語界で追い求められてきた幻の「原初の言語」に重ねたのだ。

ヴントが注目した手話の「図像性」は、現代的な文脈では、手話言語学の議論として検討が進められている。彼が分類した手話のうち造形的形態にあたる特徴については、現代の手話言語学の文脈ではその一部が Classifier（CL）として定義され、対象の形状を図像的に伝えるものとして言語学的分析が今日でも続いている。[14] この際、どんな型取り方でも文法的に許容されるわけではなく、規則が存在することが、こうした分析により明らかになっている。ヴントは、生理学と哲学から実験心理学を創出した最初の心理学者であったが、アリストテレス以降の音声言語話者としての心理的バイアスの外に出ようとした、おそらく最初の哲学者でもあったのだ。

言語の優位性という幻想

ここで改めて注意したいのは、ライプニッツの音象徴とヴントの図像性は、ともに言語の持つ模倣の力に注目したものであるということだ。模倣する対象が耳で聞く音なのか、目で見る形や動きなのかという違いはあるものの、音声にも手話にも「模倣する力」は共通して存在する。この力は、「言語の恣意性と自然性」における「自然性」として、事物と言語の間の自然な結びつきを捉える見方を支えている。

ライプニッツは、この自然な結びつきが音象徴として残るドイツ語にこそ言語の原初性【最初期の言葉がもつ性質】があると主張した。こうしたライプニッツの主張に対して、言語の恣意性が高ければ高いほど、事物の特徴と離れた恣意的な記号を扱う能力があることから、恣意性の高い言語の方が言語としての価値があると主張する人もいるかもしれない。しかし、実際のところ言語には、自然性と恣意性の両方の側面がある。音象徴や図像性に注目すれば、言語の自然性に注目していることになり、記号性に注目すれば、言語の恣意性に注目していることになる。ここで仮に、音声には恣意性（記号性）が多く見られ、手話には自然性

（図像性）が多く見られるので、音声の方が言語としての価値が高いと主張する人がいたとしたら、その主張には何の根拠もない。異なる言語間の自然性と恣意性を測って価値づける基準など、どこにも存在しないからだ。これは次章以降を読み進めるためにも大事なポイントになるので、ここで改めて整理しておこう。

例えば、ある言語Aでは、音象徴や図像性に基づく名詞が多くある一方で、ある言語Bではそうした感覚的なイメージとはかけ離れた、記号化された名詞が多くあるとする。このことから、「言語Bが言語Aよりも言語としてより進化していて洗練されている」と結論付けることはできない。同様に、「言語Aの方が言語Bよりも原初の言語に近くて優れている」と結論付けることもできない。なぜなら、こうした比較に基づく価値判断ができる基準は、価値判断をする人々の信念の内側にしか存在しないためだ。「言語Bが言語Aよりも言語としてより進化していて洗練されている」と考える人々には、「言語は具体的なものから抽象的なものへと進化する」という信念から、「異なる言語同士は、言語一般の進化の程度において比較可能だ」という前提を引き出している。また、「言語Aの方が言語Bよりも原初の言語に近くて優れている」と考える人々には、「神から授けられた最初の言語は物そのものの本質を言葉の中に含んでいた」という信念から、「異なる言語同士は、原初の言語にどれだけ近しいかという観点で比較可能だ」という前提を引き出している。こうした前提から生み出されたいかなる結論にも科学的根拠はない。特に後者の前提はすでに非科学的なものと認識され、19世紀にその議論が打ち止めになっている。次章では、この前者のタイプの無根拠な主張が行われた事例を見ていく。

ライプニッツとヴントよ、言語の機能としての模倣の力に注目したことは大きな功績です。しかし、ライプニッツが陥ったように、恣意性と自然性の観点から言語間の優位性を判断できると考えることは、誤った前提に基づくものです。このことに、私たちは今なお自覚的であり続けなければなりません。

4　原始的な言語への曲解

手話と教育

前章で見たヴントの手話学説は、実はほぼリアルタイムに日本に伝わっていた。さらには、日本の聾教育に思いもよらない負の遺産をもたらしていた。ヴントの手話学説が教育行政に携わる権力者によって曲解され、教育業界に広まったためだ。この曲解の過程で、「手話は劣った言語だ」という主張が展開された。当時ヴントの思想に慣れ親しんでいたはずの日本人哲学者たちは、その曲解に注目することはなかった。曲解が起きた事実以上に、この曲解自体がこれまで見過ごされてきたことの方が問題はより深刻であるように私には思われる。ドイツ語初学者にでもわかる明白な誤りが、70年あまり正されることなくこれまで日本語圏に留まっていたのだから[15]。

ヴントの手話学説を曲解した主は、日本の教育官僚出身の研究者である川本宇之介、時代は大正時代初期のことだった。川本の主張の前後で教育現場の何がどう変わったのかを理解するため、ここで日本の聾学校での教育手法に関する事柄の変遷を見ておこう。

・聾教育が日本で始まったのは、一八七八年。古河太四郎により京都盲唖院が設立され、目が見えない児童とともに学ぶ学校としてスタートした。ここで聾児に対しては手話や指文字を取り入れた「手勢法」という教育がなされた。

・一八八六年、電話機の発明で知られるアレキサンダー・グラハム・ベルのもとで視話法（visible speech）を学んだ伊澤修二が、日本で初めてこの手法を用いた聾児への発音矯正訓練を行う。この方法は、聾児の視覚と運動感覚を活かした発音教授法だったが、明治期は手話と筆談による教授を行う学校が主流だった。

・大正期に入ると、一九二〇年に、明治学院大学神学部教授のオーガスト・カール・ライシャワーが妻のヘレンとともに日本聾話学校を設立。アメリカから音声主体の教育法である口話法を導入する。

・文部省官僚や聾学校の校長を中心に英米独仏の聾教育研究が進み、一九二四年に欧米の視察から戻った川本宇之介が、東京聾唖学校にて最新の教育事情を伝える講演を行う。川本はその後、同校師範部心理学講師に就任し、同校での口話法の教員養成が始まる。川本はこの時に、ヴントの学説を日本の聾教育に初めて持ち込んだ。

・大正から昭和に変わった一九二六年には、それまで手話と筆談が中心だった東京聾唖学校に難聴児学級が置かれ、残存聴力と発話に重きをおく口話教育が行われはじめた。

・川本がドイツからヴントの学説を日本に持ち帰って広めた直後、川本の主導で日本の聾教育が大きく転換し、手話での教授法から、音声での読話と発話を中心とする口話法教育に移行した。

・昭和期には、手話の使用を禁止して日本語音声の聴取と発語に重きをおく純口話法教育の普及が加速する。聾学校の教員によっては手話の教育的活用に着目していたケースも見られるが、昭和40年代（一九六五年〜）までのあいだに、教育現場での手話使用は日本語の獲得を妨げるとの考えが主流になっていった。

・一九四〇年、信楽会より川本宇之介の著書『聾教育学精説』発行。この本は、聾学校教員向けの口話法の指導書として広く読まれた。

・欧米諸国では、20世紀後半に大転換が起こる。一九七二年にスウェーデンのストックホルム大学言語研究所でスウェーデン手話の研究が始まり、スウェーデン手話の文法体系が明らかになると、一九八一年には世界で初めて手話をろう者の第一言語とする法案が可決された。

・日本国内では一九九〇年代から奈良県や三重県や広島県の各聾学校で幼児期から手話が導入され始め、二〇〇八年には日本手話［日本語とは文法が異なる］と書記日本語［書き言葉としての日本語］のバイリンガル教育を行う明晴学園が開校された。

・二〇〇三年には、「全国ろう児をもつ親の会」が日本手話による教育を求めて人権救済申立を行い、6万人を超える署名を集めたことを受け、二〇〇五年に日本弁護士連合会が「手話教育の充実を求める意見書」を発表。

・二〇〇六年には国連の障害者権利条約が採決され、手話が言語として明記されたことを受け、国内法の障害者基本法が二〇一一年に改正された際に手話を言語に含む規定が加えられた。現在は自治体ベースで手話言語条例が制定され始めている。

右記の史実で注目したいのは、川本宇之介がヴントの学説をドイツから日本に持ち帰って誤った形で広めたことを境に、聾学校での教育手法の主流は、音声中心の純口話法教育に移行したこと、さらにそれは言語学的研究成果や人権救済運動によって手話での教育へ再び移行する現代に至るまで、約60年あまり続いたということである。第一の移行を支えたのが、「手話は音声言語に比べて未発達な言語である」という川本自身の誤った主張であり、この主張は、当時大心理学者として名を馳せていたヴントを使って、その学説を曲解することで権威づけられた。

明白な誤訳

教育官僚出身の川本の研究者としての資質には、疑うべき点が多い。ヴントの著作を引用した『聾教育学精説』には引用の誤りが散見されるためだ。川本の著作中でヴントの原説がどのように曲解されたのかを見ていこう。次の箇所はその中でも「明白な誤訳」に当たる（引用中の旧字体は新字体に修正し、適宜ルビを付して用いる。以下同）。

さて単語そのものが既に斯《か》くの如く、その意義が多義であり、変化し易く紛更《ふんこう》を来たす倶《ぐ》が多い上にその文構成は甚だ曖昧であって、如何《いか》なる国語とも一致しないのである。故《ゆえ》にヴントは手話語は「無文章かつ無語法」(ohne Satz, also ohne Grammatik)であると断言し、(前掲書二一六頁)その例を挙げて居る。聾唖者が「父が私に一つの林檎を与へた」という文を語らんとする場合は、自然的身振では、先《ま》づ第一に「林檎」の手真似次に「父」最後に「私」という手話語を用いる。「与へた」という動詞は用ひない。故に此れを手話通りにすると、「林檎、父、私」となるのである。[16]

ここで参照されていると考えられる、ヴントの『民族心理学』の該当箇所は以下の通り。

これまで手話には「文が存在せず、したがって文法も存在しない」と言われてきた。たとえば、聾者が「父が私にりんごをくれた (der Vater gab mir einen Apfel)」と表現しようとする場合、まずりんご (Apfel)」、次いで「父親 (Vater)」、最後に「私 (ich)」という手話を表し「くれる (geben)」という語が表現されない。すなわち、「りんご・

父・私」という形が文と同様になる。ここには、文の本質を形づくる述語が欠けているのだ、と（シュタインタール、プルッツとヴォルフゾーン編『ドイツ学術叢書』第1巻、一八五一年、八二三頁）。[17]

ヴントの原典の該当箇所は、手話の統語論について、同時代の言語学者であるシュタインタールの見解を批判的に検討しようとしている最初の文章であり、引用符でシュタインタールの言葉を囲ってあるので、これを「ヴントは断言した」とするのは明白な誤りである。川本のドイツ語の読解力に問題があったのか、意図的に曲解して記述したのか、断言することは難しいが、いずれにしても外国語文献の記述が正確にできていない点で、教育行政に携わる研究者としての資質は疑わしい。

なお、原典でヴントが述べている意図としては、手話では自明なことは省略されるが、誤解が生まれる可能性がある場合には「与える」という手話が使われると述べたうえで、「単語の統語的な語順と文とが同じことを指すとするならば、手話の統語論について言及することが可能だ」としている。

不適切な引用による自説の権威化

明白な誤訳のある上述の箇所だけでなく、川本の著書には、ヴントが『民族心理学』で述べていることと川本自身の見解が不明確な箇所が散見される。その一例は以下の箇所だ。

是等の未開民族［原語：Naturvölker］の身振語や聾唖者の自然的身振語の至嬰兒乃［乳児の］身振表情等を研究して、ヴントは次の如く分析し、ブルームフィールドもまた、ヴントに従ってまったく同一意見を提供している。

指示的身振語　指示身振より発達して來たもので手指の運動、就中食指《なかんずくしょくし》を伸ばし、他の四指を折って、コレ、ソレ、アレと指示する語であり、之によつて、その指示された實物《じつぶつ》を意味し、叉ココ、ソコ、アソコとして空間を指示する場合もあり、私、君、あの人として、代名詞を更に代用する。猿の如きも慥《たしか》に低級な指示身振語の如き身振を示すといふものもある。[18]

ヴントの『民族心理学』の中で、猿について言及している箇所は確かに存在する。しかし、把握動作と指示動作の中間段階に留まる事例の一つとして挙げているだけで[19]、川本の上記の引用箇所と整合性はない。川本の引用には、そもそも引用箇所の出典を示すためのページ数の記載がなく、引用者である川本自身の見解とヴントの見解との境界が曖昧である。このような曖昧な引用を通して、川本は自説を権威付けていたのだ。

不適切なレイアウト

他にも、川本の著作中、ヴントの『民族心理学』にある図がいくつか引用されているが、それらの図の前後にある文はほぼ川本独自の見解である。

次に抜粋するのは、図1に示されるヴントの『民族心理学』から引用された図の下にある文である。

身振語は如何に抽象的思想をあらはし得るとしても、それは尚甚だしく絵画的であ

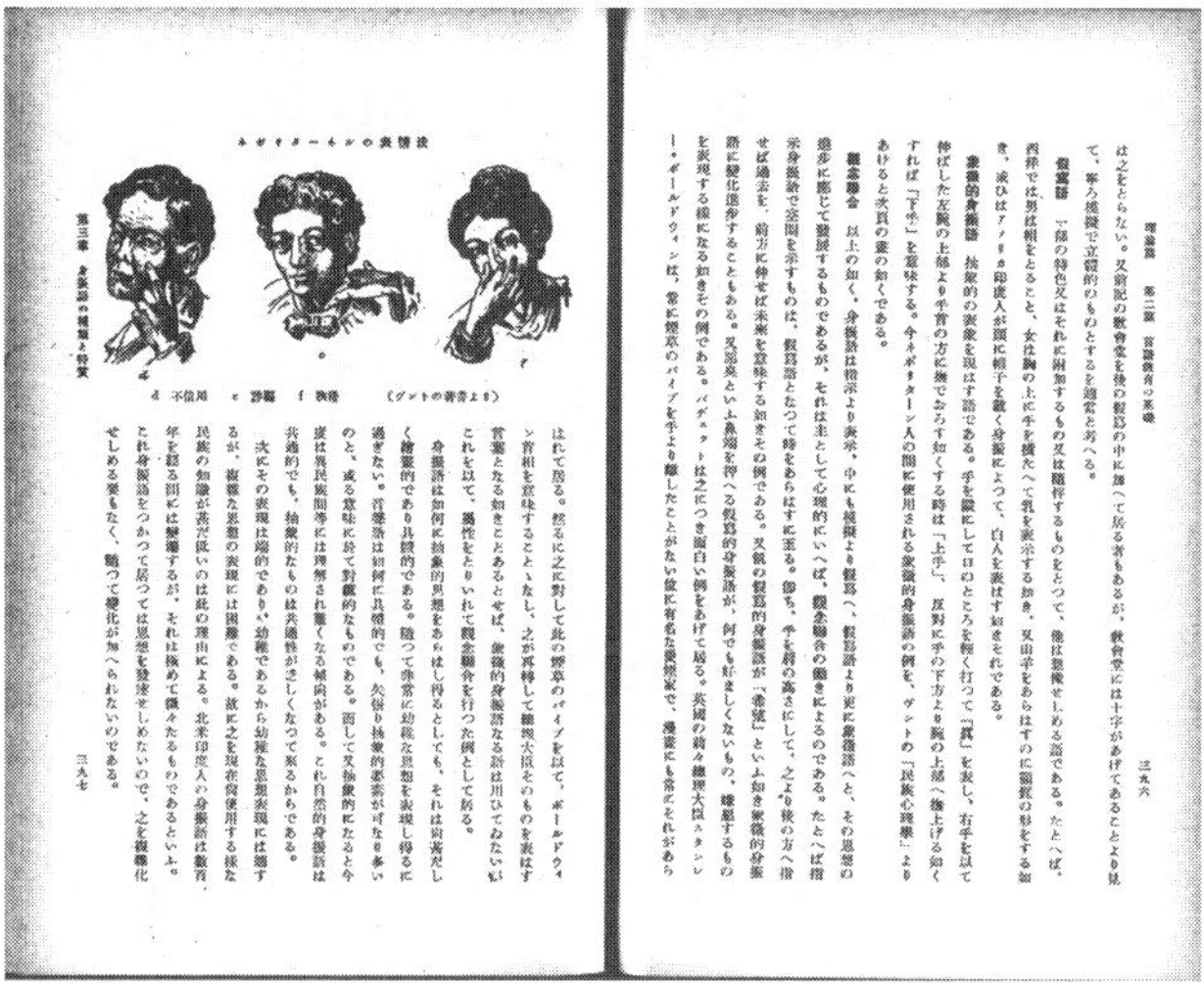

図１　川本宇之介『聾教育学精説』(pp. 396-397) のレイアウト

左上の図はヴント (1900、p.184) からの引用と思われるが、その図の下にある川本の文はヴントの文献とは無関係で、川本の独自の見解。

り具体的である。従って非常に幼稚な思想を表現し得るに過ぎない。音声語は如何に具体的でも、矢張《やは》り抽象的要素が可《か》なり多いのと、或る意味に於《お》いて封建的なものである。而《しか》して叉《また》抽象的になると今度は異民族間等には理解され難くなる傾向がある。これ自然的身振語は共通的でも、抽象的なものは共通性が乏しくなつて来るからである。次にその表現は端的であり、幼稚であるから幼稚な思想表現には適するが、複雑な思想の表現には困難である。故に之を現在尚使用する様な民族の知識が甚だ低いのは此の理由による。[20]

ここでも引用箇所の出典を示すためのページ数の記載がなく、引用者である川本自身の見解とヴントの見解との境界が曖昧であり、かつ図1に示すように原書にある図をそのまま掲載しているため、ヴントが川本の文にあるような見解を持っていたという印象を与える引用である。自説を誤った形で権威づけていることがわかる。

曲解の背景

以上に見てきた通り、『聾教育学精説』には、川本の誤訳と不適切な引用が存在していたが、実はほぼ同時代に正しくヴントの『民族心理学』を日本に紹介していた国文学者がいた。垣内松三は、一九三四年に出版された『国語教育科学』第8巻で次のように述べている。

特にヴントが諸種の身振を身振語として「言語」の範疇に付け加えたことは、われわれの立場から、忘れることができない。ヴント自身は、シュタインタールが聾唖者の身振記号を音声語と対質して、いわゆる身振語は固有の「文法」を欠いている、それは何ら「文」を有たない、という結論に達したことを批判し、特殊な文法的徴標がたとひ存在しなくとも、「文が存在するところには、一定の語結合の法則がなければならず、叉その逆も真である。即ちかうしたことが確認されるところには叉文が存在する」となしている。この立場から彼は、聾唖者、自然人［原語：Naturvölker］（特に北米印度人）、ナポリ人及びシトー教団僧侶の身振組織によって身振の根本形式をたづねた。[21]

ここでの垣内の理解は、原文に忠実で、正確である。加えて、「Naturvölker」を川本のように「未開民族」ではなく、「自然人」と訳している点で、否定的印象を残さぬよう慎重な配慮がなされていることが伺える。川本と同時代の国語教育学者でもある垣内が正確にヴントの著書を読解していたことから、当時の日本では、ドイツ語文献購読に必要な環境が整っていなかったわけではないことがわかる。ではなぜ、川本により曲解されたヴントの学説の方がその後の日本に長く広まることになったのか。一九四一年発刊『国語文化講座』第3巻に川本が寄稿した文章の中に、その背景が伺える箇所がある。[22]

思想交換という点を離れて、国民思想の涵養と国民精神の錬成との上より考へても、一層、口話法によらねばならぬことを痛感する。これひと言以て之を掩へば、同一国民は同一国語を理解し国語を話すことによって、その思想感情を共通になし得るからである。尤もたとひ手話法を以てしても、国民性を涵養し国民精神を錬成することは全く出来ないことはないが、之を深くし之を洗練することに於て、遺憾とするものが決して尠少ではない。見よ、たとひ不完全とは言え、聾児が君が代を奉唱し、天長節その他の式日唱歌をうたひ得ることによって、如何にその喜びを感じ、如何に皇国の民たることの自覚を促し得るかを。

国語教育の延長としての聾児への口話教育の正当化の根拠は、国民性の涵養・国民精神の錬成・皇国の民としての自覚（つまり望ましい日本国民の育成）という、三点に集約されている。これらは川本が戦前の公民教育論で展開した「公民」像そのものであった。

しかし、それ以上にここでは、口話教育の成功を示す例として、「君が代」や「天長節その他の式日唱歌」を聾児が歌うことが挙げられている点に注目したい。日本の詩歌は、自然の描写に人の感情が重ね合わされることで成立する。これを声に出して歌うということは、詩歌の中の情景をイメージしながら、かつ同じ感情を共有することを意味する。川本の目指した公民教育である、国民性の涵養・国民精神の錬成・皇国の民としての自覚には、国歌や唱歌の斉唱が欠かせない行為としてあり、ここに聾児の教育手法として手話を否定しなければならなかった大義が見て取れる。また、川本は、こうして日本国内の国語教育と聾教育を公民教育という共通の土台の上に捉えなおしたばかりでなく、国外での日本語教育への応用として、聾児への口話教育の成果を積極的に利用しうることを続けて力説している。

我等聾教育の立場よりすれば、聴覚の欠損の為めに、国語を学ぶ上に極めて困難なる聾児でさへ、国語即ち音声語を学び、相当の効果を揚げて居るのであるから、外国人に国語を普及することは、他の条件は今姑く措いて問わず、聴覚を有する者が対象たる点に於て、大いに困難の度を減じ、寧ろ易々たるものがあると称しても可なりである。ここに我が聾児への国語教育の可能と成績とは、広く日本語の東亜否な世界的普及に対する一大示唆となるではなからうか。

川本は、聾児の口話教育の成功事例をもって国外での日本語教育に応用範囲を広めることで、国民精神を共有する「皇国の民」の拡大に寄与しうると考えていた[23]。この政治的文脈のなかで語られるヴントの学説紹介は、聾児への口話教育の科学的正当性を保証する基点であった。

また、川本の曲解は、問題の著作発行から70年以上、公に指摘されることはなかった[24]。ヴントの研究室に同時代出入りしていた日本人哲学者たちにすら。それほどまでに、手話に対する哲学者の無関心と偏見は、根強いものがあったのだ。

川本よ、ヴントの言説を曲解したのは、ドイツ語の読解能力の不足からくる単なる誤解なのか、意図的な捏造なのか、同時代の哲学者たちに真の意図を問われていたら、あなたは何と答えたでしょうか。できることなら私があなたに尋ねてみたかったです。

1——ベルティエのエッセーは、"Les sourds-muets, avant et depuis l'abbé de l'Épée" (Paris : Ledoyen, 1840) で、以下のリンク先より読むことができる。https://www.biusante.parisdescartes.fr/histoire/medica/resultats/index.php?p=4&cote=67658&do=page
邦訳は、「ろう者——ド・レペ神父以前以後」として『聾の経験 18世紀における手話の発見』

（ハーランレイン著、石村多門訳、東京電気大学出版局、二〇〇〇年）に収録されている。

2――フロネーシスは、「知慮《ちえ》」や「賢慮《けんりょ》」と訳されることも多い。アリステレス自身によるフロネーシスの定義は「人間にとって諸般の善と悪に関しての分別を具えて真を失わない実践可能な状態」とある（『ニコマコス倫理学』1140b）。

3――Lynn (2006, p.21).

4――一つ目の解釈は、現代でもいたるところで見られるが、これを広めたのはカナダの聾教育のパイオニア、McGann（1888）であると考えられる。McGann は、〝聴覚が知性と知識に最も寄与する感覚であるため、聾者に知的な教育は不可能〟とアリストテレスは述べたとの解説を紹介した。二つ目の解釈は、ギリシアの聾教育学者 Lampropoulou(1994, p.239) の見解である。最後の見解は、アメリカにある聴覚障害の研究機関ボルタ・ビューロで局長を勤めた DeLand(1931, pp.2-3) のもので、「アリストテレスはその後二〇〇〇年の間、聾者が社会の埒外におかれることになった責任を負わされてきた」としている。

5――田中（2001, pp.12-24）では、ジョン・ロールズやアマルティア・センの平等主義的正義論の文脈の中に、こうした限界に置かれた人々の存在を指摘している。

6――市田（2005a, pp.90-91）では、手話の地理的分布とともに手話が「作られた」経緯について、教育者による体系化という辞書的見解に反して、「ろう学校ができた時に、そこに集まったろうの子どもたちが、言語を生みだす本能によって生み出した」という見解を示している。

7——岡本稲丸『近代盲聾教育の成立と発展——古河太四郎の生涯から』ＮＨＫ出版、一九九七年、p. 449。

8——文部科学省 資料(2)「バンクーバー２０１０ 新しい時代——ろう者の参加と協働」http://www.mext.go.jp/component/b_menu/shingi/giji/__icsFiles/afieldfile/2010/09/08/1297399_1.pdf（二〇一七年六月八日アクセス）

9——障害者基本法、内閣府 http://www8.cao.go.jp/shougai/suishin/kihonhou/s45-84.html（二〇一七年六月八日アクセス）

10——新生児聴覚スクリーニング検査や人工内耳の意思決定やサポートの問題が、生命倫理の問題として指摘されている（上農正剛「聴覚障害児教育における言語資本と生命倫理」九州保健福祉大学研究紀要6、八一—八七頁、二〇〇五年）。

11——ライプニッツ著作集（1995, p.22)。

12——Wundt（1990, p.155).

13——関連してWundt（1900, p.140）は、空間的にも離れた地域での異なる手話の間でも似た動きになりやすい手話として、「私・あなた・ここ・あそこ・地面・空・花・歩く・立つ・寝るなどに加えて、その他の事物や活動などが、数少ないバリエーションとして常に追加されて蓄積され、身振りとしての記号の基盤をなす」と述べている。

14——例えば、Emmory (2003) では、二〇〇〇年にカリフォルニア州で開催された手話のCLに関するワークショップで発表された論文のなかから15編が収められている。

15——最近の手話に関する一般書でもヴントの見解は誤った形で紹介されている。例えば、米川 (2002, pp.94-95) や齋藤 (2007, p.175) など。

16——川本 (1940, p.401)。

17——“Man hat von der Gebärdensprache gesagt, daß sie » ohne Satz, also ohne Grammatik « sei. Wenn der Taubstumme, um zu sagen ‘der Vater gab mir einen Apfel’, zuerst das Zeichen für ‘Apfel’, dann das für ‘Vater’ und endlich das für ‘ich’ mache, ohne ein Zeichen für ‘geben’ hinzuzufügen, also: ‘Apfel Vater ich’, so sei das nichts weniger als ein Satz; denn es fehle diesem Ausdruck eben das, was das Wesen des Satzes ausmache, die eigentliche Aussage (Steinthal in Prutz’ und Wolfsohns Deutschem Museum, I, S. 923.)” Wundt (1900, p.208).

18——川本 (1940, pp.394-395)。

19——Wundt (1900, p.223)、中野訳 (1985, p.147)。

20——川本（1940, p.397）。

21——垣内（1934, p.25）。

22——以降の引用はすべて川本（1941, pp.273-275）。

23——本多（2003）は、近代日本の聾教育を思想史的観点で分析しており、この時代のろう者たちは「内地にいる「国民」として「国語」教育を受けていたのではなく、内地にいる植民地の人々として、手話を禁じられ「国語」を強制されていた」と指摘している（同著 p.49）。

24——曲解の事実を記した田中（2017a 及び 2017b）を参照のこと。

第２部　時間論を手話空間で考える

5　時間はリアルなのか

息子「未来って何年のこと？」

母「何年って言うと、ちょっと先すぎるんだけど」

息子「だから未来って何年？　それが今になるって意味がわからない」

母「例えば、明日の朝は8時まで寝坊しようって思うときあるでしょう」

息子「うん」

母「明日の朝8時が未来だよ」

息子「それで今になるってこと？」

母「そうだよ」

息子「何か魔法みたいだね」

母「あはは、魔法みたいっていいね」

息子「だって目が覚めたらすぐに今になるんだもん」

母「そうだね」

息子「ぴゅっ、と今になる」
母「それって時計が読めるようになってからかかる魔法かもね」

手話の空間に見るある哲学者の時間

ここまで、手話に関する偏見・誤った理解について様々な時代背景から見てきた。人の魂と声と言語は互いに結びつけられ、それ以外の形はないと考えること。また、言語の優位性は具体と抽象のレベルにより比較できると考えること。これらはいずれも、誤った理解である。このことを再度確認した上で、いよいよここから、手話と「産む性」の視点を使った時間論の分析に入っていこう。

手話と産む性の視点には、空間的な思考が言葉と結びつきやすいという共通性がある。この共通性が、時間とその先にある、生と死の現実の問題を分析する上で、強力な道具になる。

手話と産む性に共通する空間的思考では、複数の視点を同時にもつことができる。例えば、手話の場合、右手と左手、視線や身体全体を使うことで、私とあなた、複数の物体などを手話空間上で表すことができる。産む性の場合、自分と子どもという二つの主体が同じ身体に共存しつつ、さらに過去の他人の出産事例と自分のこれから起きる出産を重ね合わせて理解する言語空間の中に置かれる。既存の男性中心の音声言語話者による哲学では注目されてこなかったことだが、手話の空間的思考は、既存の時間論を解体し、隠れた前提を浮かび上がらせることに役立つ。また、産む性の空間的思考は、時間論が解体された後になお残る、誰のものでもない現実としての「現在」を記号化する意味を検討し、時間がどこに実在するか確かめる上で役立つ。

既存の時間論とは、ある哲学者が提案した時間に対する一つの問いをもとにしたものであるが、そもそも哲学する行為は、職業研究者の集団に限ってなされるものではない。

例えば、子どもは、自身の目から見た世界を表現して、身近な大人に伝えようとする。その時に既存の言葉と自分の感覚が合致しないことがしばしば生じる。しかしなお、そういうものだと親に諭されれば、狐につままれたような顔になる。親子二人で互いの顔を見合わせて笑い合うと、次の瞬間からもうその語彙は概念とともに子どもの心に刻まれている。哲学するには、使い始めた言葉を通して、新しい語彙の獲得過程の中で手放した「そんなはずないだろう」という疑いを一つ一つ拾い集め、それを一緒に眺めて「なんてヘンテコなんだ！」と笑い合うという、育児とは逆向きの作業が必要になる。これは、一つの言語を流暢に話せるようになるまでに何度狐につままれたのかを数え集めるような作業でもあり、大人による観察記録が残っていない限り、難航を極める。哲学するということは一つに、大人による観察記録なしに、獲得した語彙を支える概念を自分で疑い、狐を自分で追い払うことでもあるわけだ。ここで確かなのは、子どもの問いは、こうした哲学する行為の契機になりうるということだ。

もし、こうした哲学の作業を手話で行えるならば、既存の語彙とは独立の世界の見え方を、自分自身の視点を元に精確に描写することができるかもしれない。その一例を、ここから少しずつ見ていきたい。

時間という哲学上の謎

手始めに想像してみよう。例えば、私たちの持っている「時間」の理解について、概念の形成過程をさかのぼりながら常識的な理解を手放すことは、どのようにしてできるだろうか。今、目の前に「時間」という概念のない民族があなたを訪れているとする。そのうちの一人に「時間がどういうものかを説明して欲しい」と言われたとする。どのように説明するのが妥当だろうか。

「ここにあるのは時計で、これを使って今何時なのか測って、1日を区切りながら私たちは生活しているんだよ」と言えばよいだろうか。あるいは、「楽しみにしていた1年に1回の記念日も、楽しい時間が過ぎたらその現在も過去のものになって、また次の記念日が待ち遠しくなって、早く未来がやってこないかな、と思うけど、それが時間だよ」などと言って、相手が理解を示すのを待つだろうか。

実は、こんな民族を想定しなくても、私たちと同じ文化を共有する子ども達は、時間について理解したり、時計を読んだりするために、ある種の訓練を行なっている。例えば、日本の小学校では、時計を読む訓練を1、2年生で行う。既に大人になった人はもう記憶にないかもしれないが、「現在」・「過去」・「未来」という言葉の意味を理解するのもおおよその頃だ。こうした時間について、関連する語彙の意味を理解し、正しく使えるようになる前の段階で、私たちが時間についてどのように理解していたのかを考えることは、決して容易なことではない。時間に関するこのような文法を一旦正しく獲得すると、その文法の外で時間について考えることが難しくなってしまうためだ。初めて自転車に乗れた日のことを覚えている人はいても、初めて時間について理解できた日のことを覚えている人があまりいないのは、こうした言語と時間の切り離し難さのためである。

　時間は、例えば「万有引力の法則」のように、過去になされた発見や数式の知識を得ることで、そのあり方をすべて正しく理解できるようなものではない。「万有引力の法則」が現実にどう成立しているのかは、実験によって科学的に検証することができる。しかし、時間については、時間に関する文法を獲得することが、時間のあり

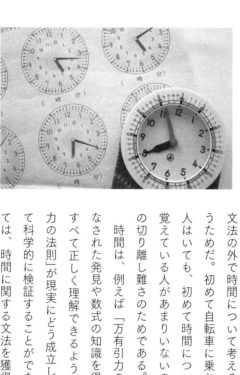

方そのものと切り離せない関係にある。こうしたことから、時間が現実にどう存在しているのかを明らかにすることは、物理学だけでなく、哲学の問題としても引き継がれてきた。

時間の実在性にどう切り込むか

二六〇〇年余りの西洋哲学の歴史のうち、ほんの最近の20世紀に入ってからの話だが、一九〇八年にイギリスの哲学雑誌「Mind」で発表された一つの論文、「時間の非実在性（The Unreality of Time)」は、イギリス人哲学者ジョン・マクタガート（一八六六〜一九二五）による斬新な時間論を記したもので、分析哲学のその後の進展に大きな影響を与えたと言われている。分析哲学は、思考を支える言語や論理関係に注目する哲学で、近年日本でも専門にしている学生が増えつつある分野だ。

その分析哲学を切り拓いたマクタガートは、実は極度の恥ずかしがり屋だった。廊下を歩くときは壁に背を向け常に蟹歩きして人の視線を逸らし、道端の猫を見かけると、会釈して挨拶していたという。そんなマクタガートの時間論は、特有の難しさと独特な魅力がある。一九二五年に彼本人はこの世を去っているが、その議論は国境を越え、言語を変えて今も生き続けている。日本語圏の哲学も例外ではない。近年その著作の翻訳書や解説書が日本語で読めるようになった。ただ、マクタガートの哲学を日本語で理解するとき、厄介な問題が一つある。彼の時間論の核となる論文、「時間の非実在性（The Unreality of Time）」でしばしば登場する「Reality《リアリティ》」という言葉をどう理解したらよいか難しいのだ。ここでの「Reality」は日本語の哲学用語では、通常「実在」と訳される。したがって、この論文が扱う問題を簡潔に表すと「時間は実在しないのか?」となる。「時間」と「実在」という組み合わせは、日本語の日常言語の感覚からはどうもピンとこない。時間はオバケでもUFOでもないからだ。ここでは、マクタガートの問題意識が何なのか、「実在」という言葉の日本語イメージから離れて、少しゆっくり考えてみよう。

時計を読む子ども達

まずは、時計の読み方を習っていた小学2年生の子どもの時間感覚に戻ってみたい。再び育児の現場からの事例で恐縮だが、ある日、息子の小学校の遠足で、クラス全員がいくつかの班に分かれて各自の係を決めることになり、その中で「時間係」という係があった。時間係に与えられた使命は、バスが発車する直前の12時25分に、先生が呼びかける「集合の時間で〜す！」という声を自分の班の構成員にくまなく伝達するというもの。息子はこの時、時計を読むことに並々ならぬ自信があり、この「時間係」に自ら志願した。時計を読むスキルに関して言えば、同じ班のAくんは全く読めず、Bちゃんは時計を読むのに5分から10分程度の時間がかかり、Cちゃんは読み方自体を目下勉強中だった。そんな構成員の中で、息子は時計を素早く読むことができるという自信があった。時間係には、先生の掛け声を伝達する使命以外にも、班の構成員たちに「今、何時？」と聞かれたら時計を見てすぐに読み上げるという役割があった。

息子が「時間係」を問題なく果たせるのか、不安が残っていたものの、この「時間係」のミッションを見守る過程で、時間という概念の獲得と引き換えに子ども達の中で失われたかもしれないものを直視することもできた。親でありかつ哲学徒であることは、子どもに関わる物事に対して常に相反する感情を持ちあわせることでもある。

さてこのとき時間概念の獲得と引き換えに失われたと考えられるのは次の二つだ。第一に、時間には、その正しさを吟味する価値があるということ。この時間係を中心とする班のメンバーにとって、読み上げられた時間は、小さな腕時計を覗き込んでそれが本当に正しいのか、Bちゃんならば5分から10分かけて吟味しなければならないほどの価値があった。メインの「時間係」以外に頼りになるのはBちゃんだけで、時間係が読み上げた時間が間違いならば、メンバー全員がバスに乗れないかもしれないのだから。

第二に、時間はそれが本当に存在するのかを疑う余地があること。例えば、時計が全く読めないAくんが、「時間なんていうものは大人が勝手に取り決めただけのものなんだから、間違っていてもちゃんとバスは待ってくれるよ」と言ったとする。この「時間＝大人の取り決め説」は、最初から時計を読む気のない人物から出される仮説ではあるものの、班のメンバーには一定の説得力を持つだろう。しかしそんな強力な説も、時間の理解とともに消えてしまう運命にあるのだ。

こうした時間の正しさを吟味したり、その存在を疑ったりする視点は、読者自身が小学2年生の子どもであった時にも、恐らくあったはずのものだ。さて、今、あなたはそうした感覚を時間という言葉そのものを使って思い出すことができるだろうか。もし少しでも思い出せれば、それはマクタガートの時間論を理解する上で、大きな手掛かりになる。

天才数学者の奮闘

時間の存在を疑うことがどんな意味を持つのかを考えるため、次のエクササイズとして、子どもの頃の時間感覚から少し離れてみよう。今度は、数学者による「叫び」にヒントを探る。二〇〇一年に公開された米国映画『ビューティフル・マインド(A Beautiful Mind)』で、注目したいのは次のシーンだ。

俳優ラッセル・クロウが演じる、数学者ジョン・ナッシュは、天才的な数学の才能を持ちながらも、統合失調症の幻覚に長年悩まされていた。自身の悪化する病状が、愛する妻をも苦しめていた。ある日ナッシュは、主治医と妻の前であることを誓う。持ち前の数学的な緻密さで、「幻覚と現実を区別する方法を自分で考える」というのだ。

病が確実に進行している頭の中で、幻覚を自ら判断することは無謀な試みと言えるものだったのだが、ナッシュはついにある重大なことに気がつく。いつも目の前に見えている少女が、数年前に会った時から歳をとっていないと気がついたのだ。ナッシュはこの瞬間、雷に打たれたかのような衝撃を受け、嵐の中まさに家を出て行こうとする妻の車の前に立ちはだかり、「She is not real!（彼女は実在していない！）」と叫ぶのだった。

ではここで、例えば私たちが「Time is not real!（時間は実在しない！）」と叫ぶためには、一体何に気がついたらいいのだろうか。映画の中のナッシュは、ある人物が歳を取らないことは、その人物が現実に存在することと矛盾するという点において、その人物が実在しないことを自ら導き出した。では、時間の実在を疑うに足る矛盾とは？

実は哲学者マクタガートが行ったのも、ナッシュのとった幻覚に矛盾を見出す試みとかなり近い。マクタガートは時間に関して私たちが何の気なしに行っている「区別」の中に矛盾が見られることから、「時間は実在しない」と結論づけた。マクタガートは問題の論文を執筆した当時、時計の読み方を学習中の日本の小学2年生ではなく、42歳のイギリスの立派な大人であったが、一旦身につけた時間に対する言葉の使い方の外に出て、時間の構造を眺めることで、それが本当に現実に存在するのかを確かめようとしたわけである。

しかし、このスリリングな試みは、残念ながら失敗しているように思われる。どう失敗しているか、これまでも英語圏だけでなく日本語圏でも様々な哲学者たちが繰り返し議論してきた。しかし、これらの議論では扱われていない決定的な問題がある。それは視点のズレであり、音声言語のみで考える限り、見落としがちな問題である。マクタガートの議論をここで必要な限りそのままの形で追ってみよう。

マクタガートの時間論の骨子

マクタガートの議論における基本的な流れは以下の通りである。文字だけで図で示されない限りは、意図されていることを誤解なく理解することは難しいと感じられるかもしれない。その難しさがその後の解釈論争を生んでいる一因でもあるので、まずはそのままの形で辛抱強く最後まで一読されたい。本の片隅に図に描いてメモを取る場合は、どの視点でどの方向から問題を眺めるべきか、注意深く考えてみてほしい。

1. 時間軸上の各位置は、他の複数の位置と比べて「より前（ealier）」なのか、「より後（later）」なのかで区別される。この区別の仕方をB系列という。

2. 時間軸上の各位置は、「過去」・「現在」・「未来」のいずれかとして区別される。この区別をA系列という。

3. 時間軸上のある位置が占める内容を出来事と呼ぶ。

4. 時間は変化を含む。変化なしには時間はありえない。

5. 「過去」・「現在」・「未来」を区別するA系列なしには、何が変化するのか理解できないため、時間の変化はありえない。

6. 時間はA系列なしにはありえない。

7. これによりB系列よりもA系列の方が時間にとってより基礎的で、A系列なしには時間は存在しないことがわかる。

8. 時間からA系列の区別を差し引くと、また別のC系列という区別が生じる。

9. さて、O・P・Qなどの変化や動きを持たない単純な記号を区別するための軸をC系列という。

10. どの出来事も、変化を表すためには、A系列の「過去」・「現在」・「未来」のいずれか一つでなければならない。

11. どの出来事も、「過去」・「現在」・「未来」のすべてを持つ。

12. A系列には、10と11が同時に成り立つという矛盾があり、矛盾を回避しようとすると、当のA系列や別のA系列を持ち出す必要があり、悪循環や無限後退に陥る。

13. A系列には矛盾があるため、時間は実在しない。

14. 客観的なC系列が存在するのかどうかは、今後の課題として残る。

以上が、マクタガートの時間論の骨子だが、特にA・B・Cの3つの系列の関係がどうなっているのか、「矛盾」・「悪循環」・「無限後退」とはどういうことなのか、一読して理解することは難しいはずだ。この難しさゆえに、マクタガートはどこまで時間の実在性を疑う証明に成功し、どこから失敗しているのか、その解釈は世界の哲学界でも今日まで定まっていない。まずはこのことに安心されたい。

6 手話の4次元空間

手話の時空間構造

ここから少しずつ、マクタガートの時間論における議論を手話の空間に配置して、その構造を明らかにしていくことにしよう。

結論から述べておくと、マクタガートの議論では、時間が進む向きを先取りして理解している主体が想定され、奇妙な点として浮かび上がることを手話の2つの視点空間から確認する。

はじめに手話の文法上の空間構造を見ていこう。手話は、話者から見て縦横奥行きの3次元空間に、時間が加わった4次元の言語と言われている。ここでは便宜的に、XYZの3軸の交点に、話者がいると考えてみよう。(図1)

ここで話者の目の前の空間は、以下のような意味をもつ。

1．話者が知覚している現実の「今」を表現するリアル空間。

2．ある時点の話者自身にとっての「現在」の空間（この時、話者自身の身体は「過去の私」や「未来の私」や、話者によって演じられる自分自身の身体を表すことができる）。

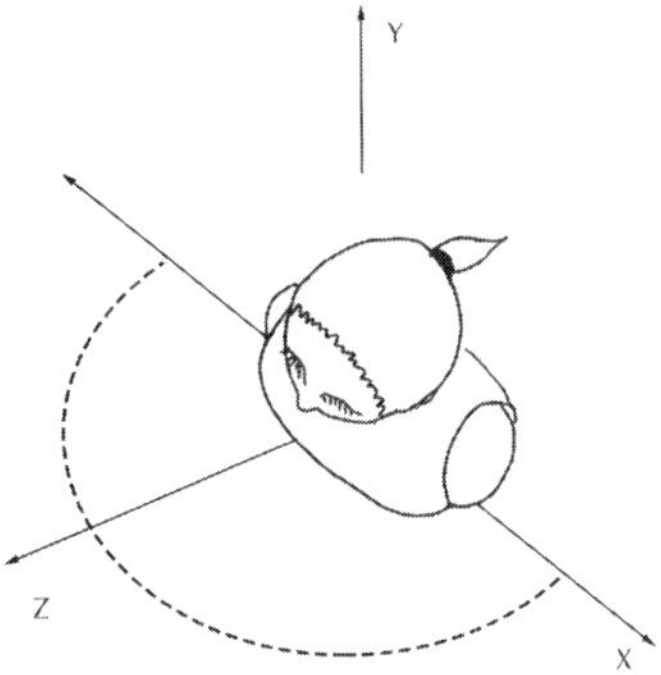

図1

3．ある時点の他者の「現在」の空間（この時、話者自身の身体は「過去の他者」や「未来の他者」や、話者によって演じられる他者の身体を表すことができる）。

4．何かの事象が現実化することを示す現実としての空間。

5．記号や数字などの抽象概念や地図を布

置するための空間。

こうして列挙すると、音声言語を生活言語としている人にとっては、難しくてとても覚え切れないと感じられるかもしれない。目の前で映画や数学、あるいは現実の建築物などが立体的に構築されていく様子だと考えれば4と5もどんな感じかイメージしやすいはずだ。右の1以外では、現在話者がいる空間には存在しない人や事物が手話空間に登場する。認知言語学者のフォコニエは、音声言語の言語表現の過程で心の中に作り出される構築物のことを「メンタルスペース」と呼んでその理論を確立したが、手話言語学の分野では、この目に見えない「メンタルスペース」を手話で検証し、手話空間上に可視化して示す試みがなされている。

2つのメンタルスペース

手話の最大の特徴の一つに、視点の転換がある。手話で会話をしていると視点がダイナミックに入れ変わる。

10年以上も前、手話の超初学者だった私は、発言の最後の指差しで主語を表すことを一応、知ってはいた。「こんなことがあって、あんなことがあって、で、腹立たしいことにこんな風に言われたのよ（指差し）」とすることで、「こんな風に」言った発話者が特定できるわけだ。

ろう者の友人3人とファミリーレストランで会話していた私は、その場にはいない過去の人物を思い浮かべて最後の指差しを空中に向けたのだが、どうもそれがリアルスペースの指差しだと思われたらしく、ろう者の3人の友人たちは一斉に私の座っていた席から斜め右上の矢印の延長線上に顔を向けた。そこにちょうど若い女性店員が通りがかり、私は慌てた。「違う違う、あの店員さんと今の話は関係ないの！」と初級レベルの私の手話で取り消すのも一苦労だった。

困惑して互いに顔を見合わせる友人たち。私の下手な思い出話に突如引き摺り込まれた女性店員。徐々に冷めるコーヒーカップ。4人がけのソファ席。リアルスペースの中で過去の経験を再現するのは、手話初学者にとって容易ではない。私の母は、ろう者ではないが、声真似やジェスチャー、擬音語や擬態語を駆使して、音声言語のみで過去の出来事をありありと再現する名手である。私はその娘。しかし手話ではこうした再現で使われる手法が異なるのだ。

指差し一つとっても、指された地点が今この空間にあるものなのか、過去や仮定の出来事の中のものなのか、ろう者たちは区別して使っている。

アメリカの手話言語学者リデルによれば、手話の話者らは現実空間以外の2つのメンタルスペースにおいて、意味を伝えているという。

一つは、目の前に事物や人物を配置する空間であり、「トークン・スペース（目印空間）」と呼ぶ。もう一つは、目の前に等身大サイズの事物や人物をあたかもそこにいるかのように登場させ、登場人物の中での体験を再現する空間であり、「サロゲイト・スペース（代理人空間）」と呼ぶ[25]。

同じくアメリカの認知神経科学者のエモリーらは、鳥が空間を上から眺めるような視点が取られる「図式空間」と話者の等身大の視点が取られる「観察者空間」の2つの形式を定義しており、リデルの言うトークン・スペースとサロゲイト・スペースとの類似性を指摘している。エモリーらによると、現実によく知っている自宅などの場所を手話で再現する場合には、観察者空間が用いられることが多いという。[26]

アメリカでの分析はアメリカ手話を対象としているが、日本でも手話言語学者の市田泰弘らによって、日本手話を対象とした空間の分析が行われている。[27]

このように2つの視点空間は各国の研究者らにより区別して分析されているが、ここでは視点の特性がわかりやすいように、便宜的に「鳥瞰視点空間」と「等身大視点空間」として話を進めたい。手話の話者は視点の転換によって、これらの2つの空間を自由に行き来することができる。

各空間は次のような特徴を持つ。

鳥瞰視点空間

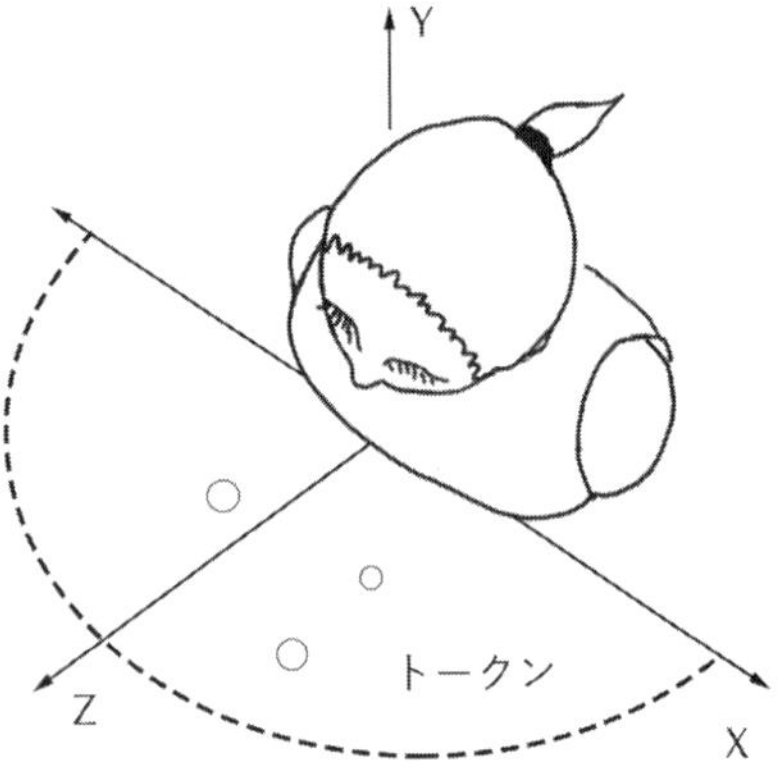

図2

・事物や概念、地図などを布置する空間

・話者から見下ろした手の届く小さな空間

・トークンは空間内に目印として指差しや視線の先に位置づけられたあと、話の流れの中で同じ位置が参照される

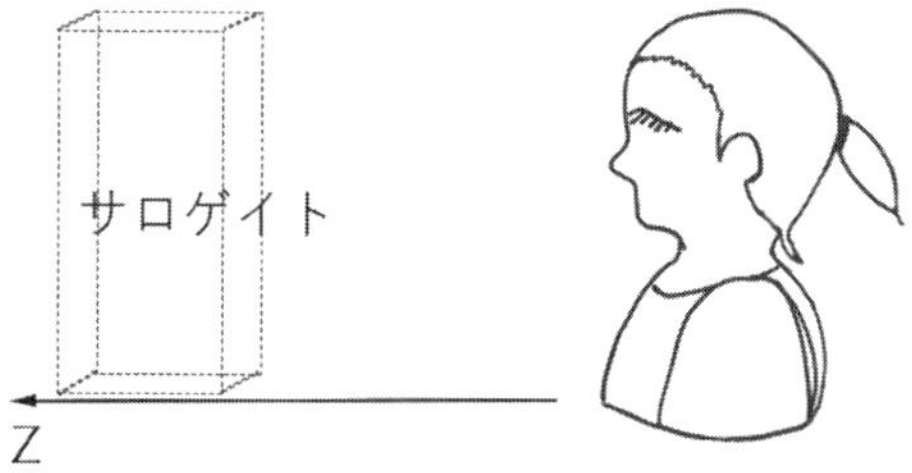

図3

・話者が環境に没入して体験を再現する空間（話者自身がよく知る場所の再現に使われる傾向がある）

・話者の視線の先に等身大サイズであるものとして示される人物をサロゲイトという

・話者の身体と視点は、話者自身の一人称としてだけでなく、二人称・三人称の他者の役割を演じることもある（手話ではこれをロール・シフトという）

マクタガートの各系列を手話の空間に再配置する

手話空間の視点について確認したところで、ここからいよいよマクタガートの議論がどのように手話空間に展開可能なのか、その流れを見ていこう。手話の文法で注意すべき点として、ある空間を描写する場合、背景（地）から説明するため[28]、マクタガートの議論の順序から以下のように変更し、★で補足を加える。オリジナルの番号は［　］内に記す。

1．O・P・Qなどの変化や動きを持たない単純な記号列をC系列という。［9］

★各記号は鳥瞰視点空間上のトークンとして表される。（図4）

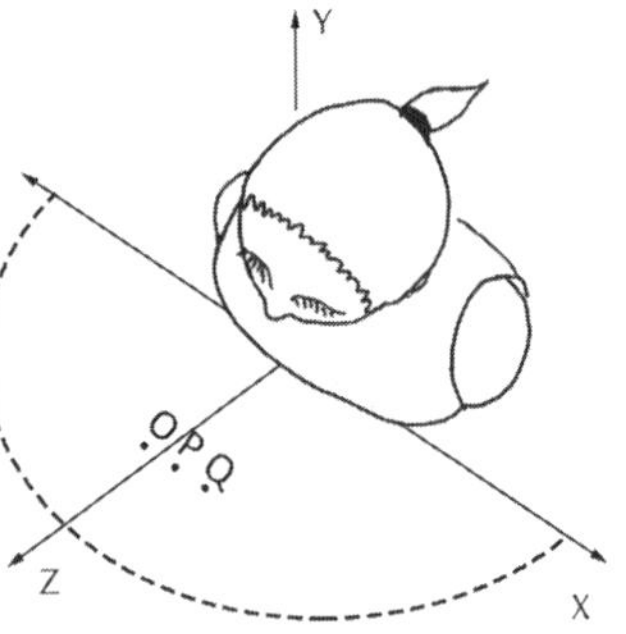

図4　記号の列がC系列

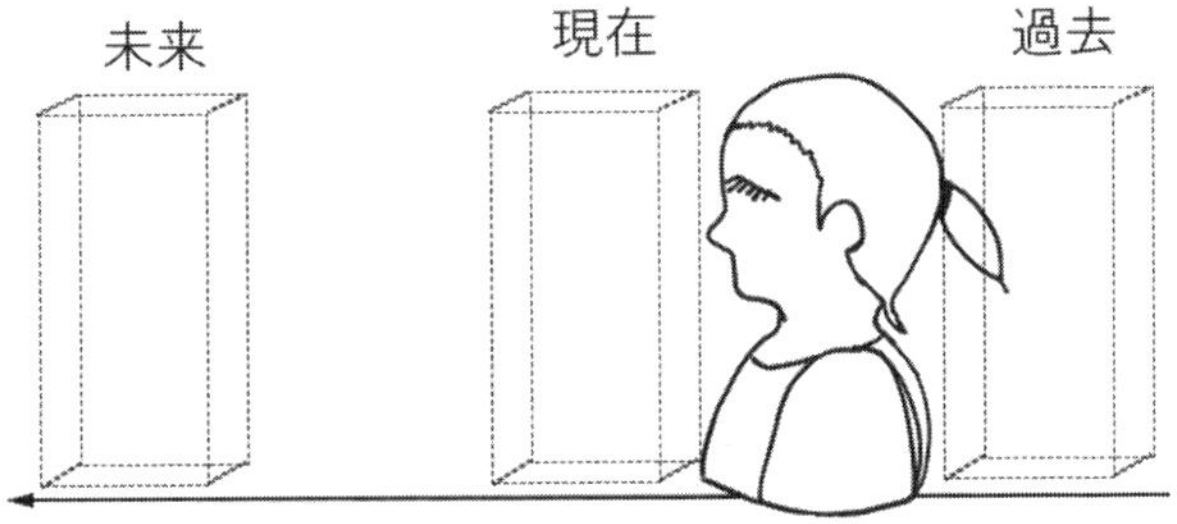

図５　Ａ系列は過去・現在・未来を区別する

２．時間上の各位置は、「過去」・「現在」・「未来」のいずれかとして区別される。この区別をＡ系列という。［２］

★「過去」・「現在」・「未来」の手話の語彙は等身大視点空間で表される。（図５）

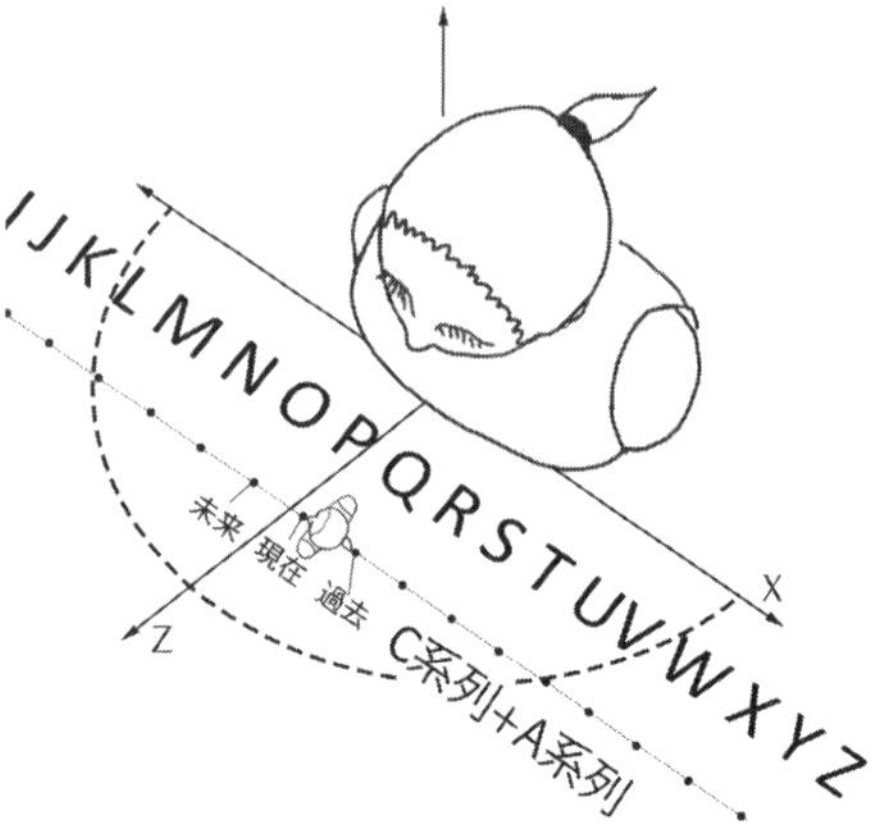

図6　A系列とC系列を足すと時間に

3．時間はA系列とC系列を足すことで生じる。［8］

★C系列上にA系列の等身大空間を重ねると、連続する記号列の中のある記号列、O・P・Qが「未来」・「現在」・「過去」として理解できる。（図6）

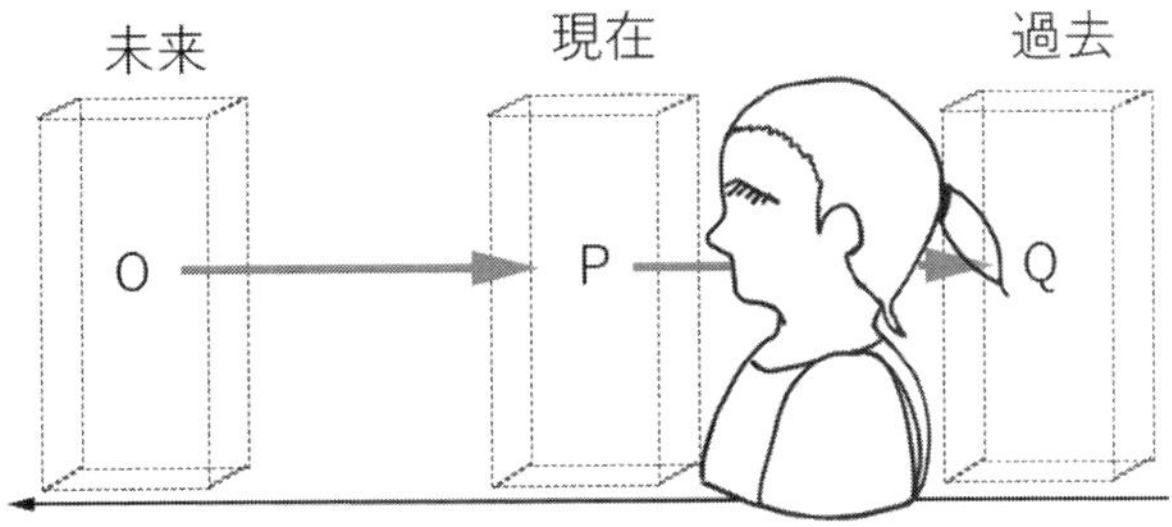

図７　時間に変化と動きが生まれる

★再度視点を転換させてA系列の等身大空間上にC系列の記号列を重ねると、C系列の記号列で理解される出来事は、「未来」・「現在」・「過去」の上を順番に、未来方向から過去の方向へと動く。これが変化と動きを伴う時間の理解となる。[29]（図７）

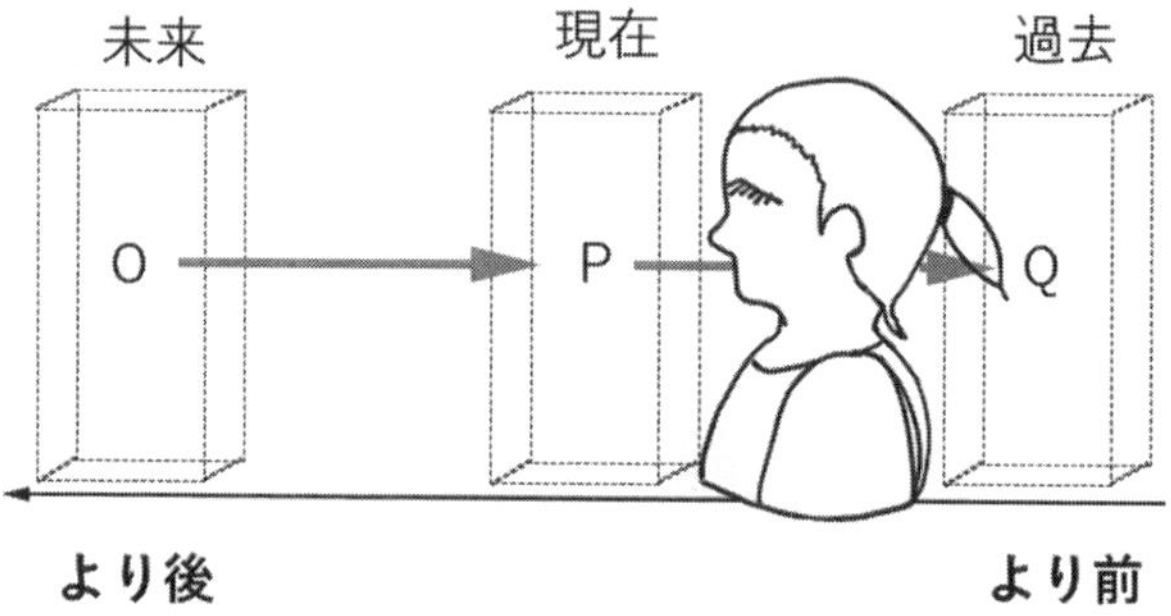

図８　Ｂ系列は「より前」と「より後」を区別する

4．時間上の各位置は、他の複数の位置と比べて「より前（earlier）」か「より後（later）」として区別される。この区別の仕方をＢ系列という。Ｂ系列は２つ以上の位置同士の関係を示し、その関係は永続的で変わらない。［1］

★Ｂ系列の関係は、過去である方が「より前」、未来である方が「より後」として理解される。（図８）

5. 時間軸上のある位置が占める内容を「出来事」と呼ぶ。［3］

6. 時間は変化を含む。変化なしには時間はありえない。［4］

7. 「過去」・「現在」・「未来」を区別するA系列なしには、何が変化するのか理解できないため、時間の変化はありえない。［5］

8. 時間はA系列なしにはありえない。［6］

9. B系列よりもA系列の方が時間にとってより基礎的であることがわかる。［7］

★この時、時間概念にとってどの系列が基礎的で欠かせないかを判断する基準は、手話空間において、視点の転換がより先に起こったものとして理解できる。B系列の前後関係を理解するまでの視点転換の順番は以下の通り。①C系列を見る視点↓②A系列上に視点転換↓③C系列上にA系列を視点転換↓④A系列上にC系列を視点転換（動

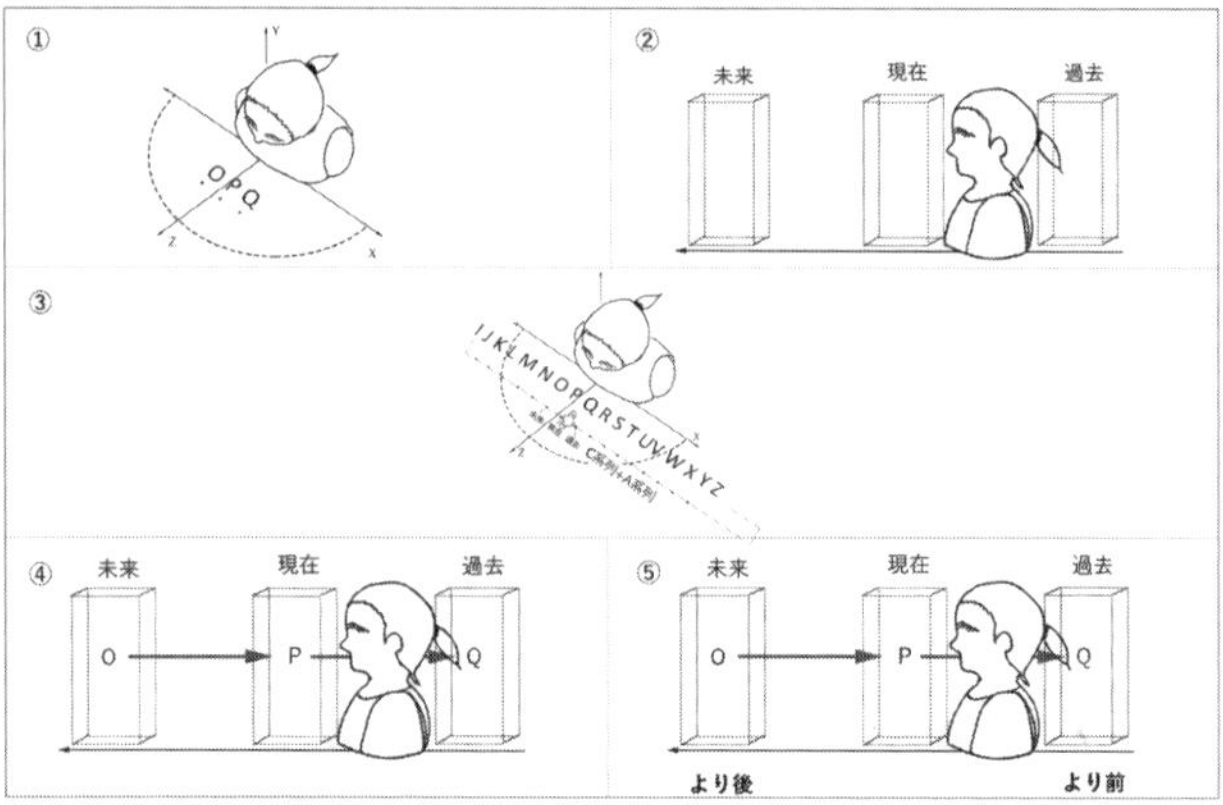

図９　時間の理解にＡ系列はＢ系列よりも先立つため欠かせない

く時間の成立）→⑤Ｂ系列の前後関係を理解する（図９）。時間概念の構成は、②Ａ系列の方が⑤Ｂ系列よりも先に生じるため、基礎的だとわかる。

郵便はがき

料金受取人払郵便

神田局
承認

6430

差出有効期間
2022年12月
31日まで

切手を貼らずに
お出し下さい。

101-8796

537

【受　取　人】

東京都千代田区外神田6-9-5

株式会社 **明石書店** 読者通信係 行

お買い上げ、ありがとうございました。
今後の出版物の参考といたしたく、ご記入、ご投函いただければ幸いに存じます。

ふりがな お名前	年齢	性別

ご住所　〒　　　-

TEL　　　(　　　)　　　FAX　　　(　　　)

メールアドレス	ご職業（または学校名）

*図書目録のご希望 □ある □ない	*ジャンル別などのご案内（不定期）のご希望 □ある：ジャンル（ □ない

籍のタイトル

◆本書を何でお知りになりましたか？
□新聞・雑誌の広告…掲載紙誌名[　　　　　　　　]
□書評・紹介記事……掲載紙誌名[　　　　　　　　]
□店頭で　□知人のすすめ　□弊社からの案内　□弊社ホームページ
□ネット書店［　　　　　　］　□その他[　　　　　　]

◆本書についてのご意見・ご感想
■定　　価　□安い（満足）　□ほどほど　□高い（不満）
■カバーデザイン　□良い　□ふつう　□悪い・ふさわしくない
■内　　容　□良い　□ふつう　□期待はずれ
■その他お気づきの点、ご質問、ご感想など、ご自由にお書き下さい。

◆本書をお買い上げの書店
［　　　　市・区・町・村　　　　書店　　　　店］

◆今後どのような書籍をお望みですか？
今関心をお持ちのテーマ・人・ジャンル、また翻訳希望の本など、何でもお書き下さい。

◆ご購読紙　(1)朝日　(2)読売　(3)毎日　(4)日経　(5)その他[　　　　新聞]
◆定期ご購読の雑誌［　　　　　　　　］

ご協力ありがとうございました。

ご意見などを弊社ホームページなどでご紹介させていただくことがあります。　□諾　□否

◆ご 注 文 書◆　このハガキで弊社刊行物をご注文いただけます。
□ご指定の書店でお受取り……下欄に書店名と所在地域、わかれば電話番号をご記入下さい。
□代金引換郵便にてお受取り…送料+手数料として500円かかります（表記ご住所宛のみ）。

名	冊
名	冊

指定の書店・支店名	書店の所在地域 都・道　府・県　　市・区　町・村
	書店の電話番号　（　　　　）

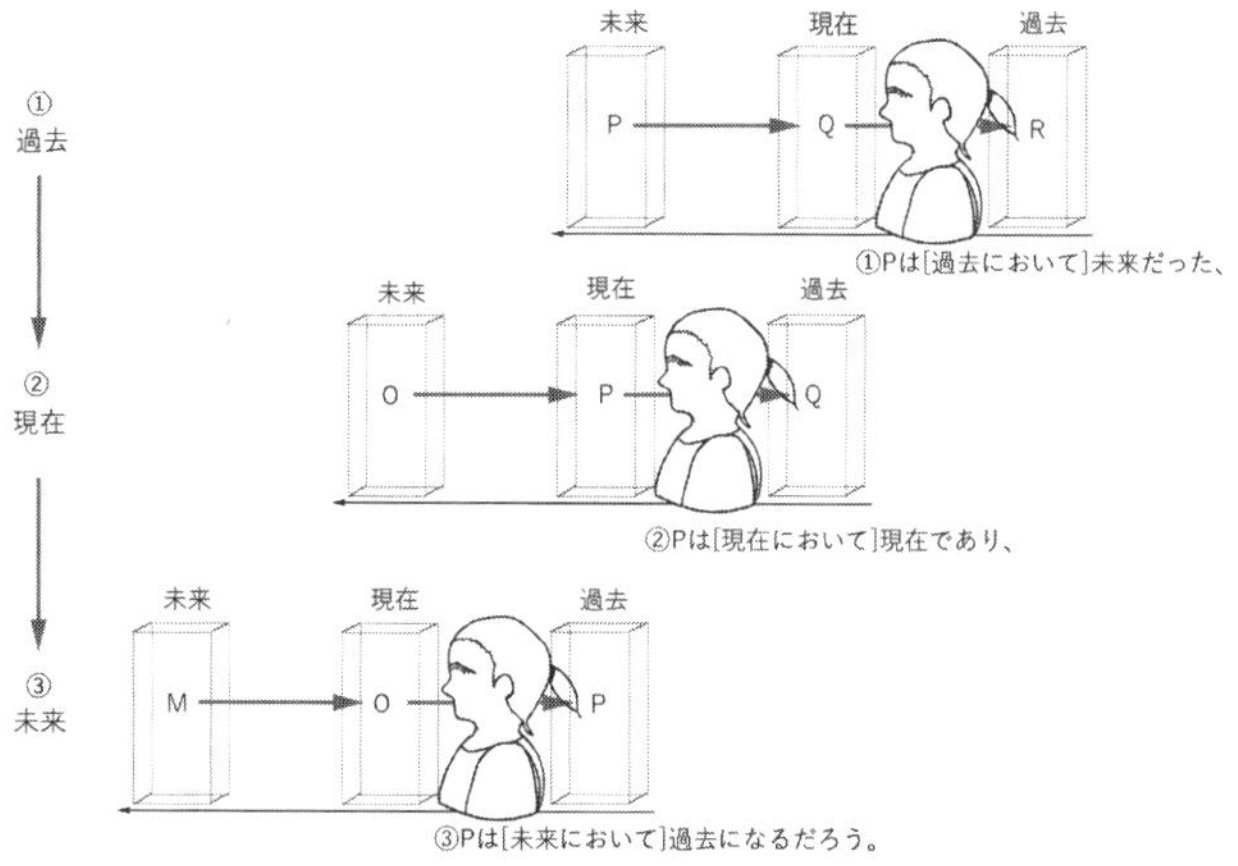

図10　時間の説明に時間が入り込んでしまう悪循環

10. どの出来事も、変化を表すためには、A系列の「過去」・「現在」・「未来」のいずれか一つでなければならない。[10]

11. どの出来事も、「過去」・「現在」・「未来」のすべてを持つ。[11]

12. A系列には、10と11が同時に成り立つという矛盾があり、矛盾を回避しようとすると、別のA系列を持ち出す必要があり、悪循環や無限後退に陥る。[12]

★矛盾を避けようとして、「出来事

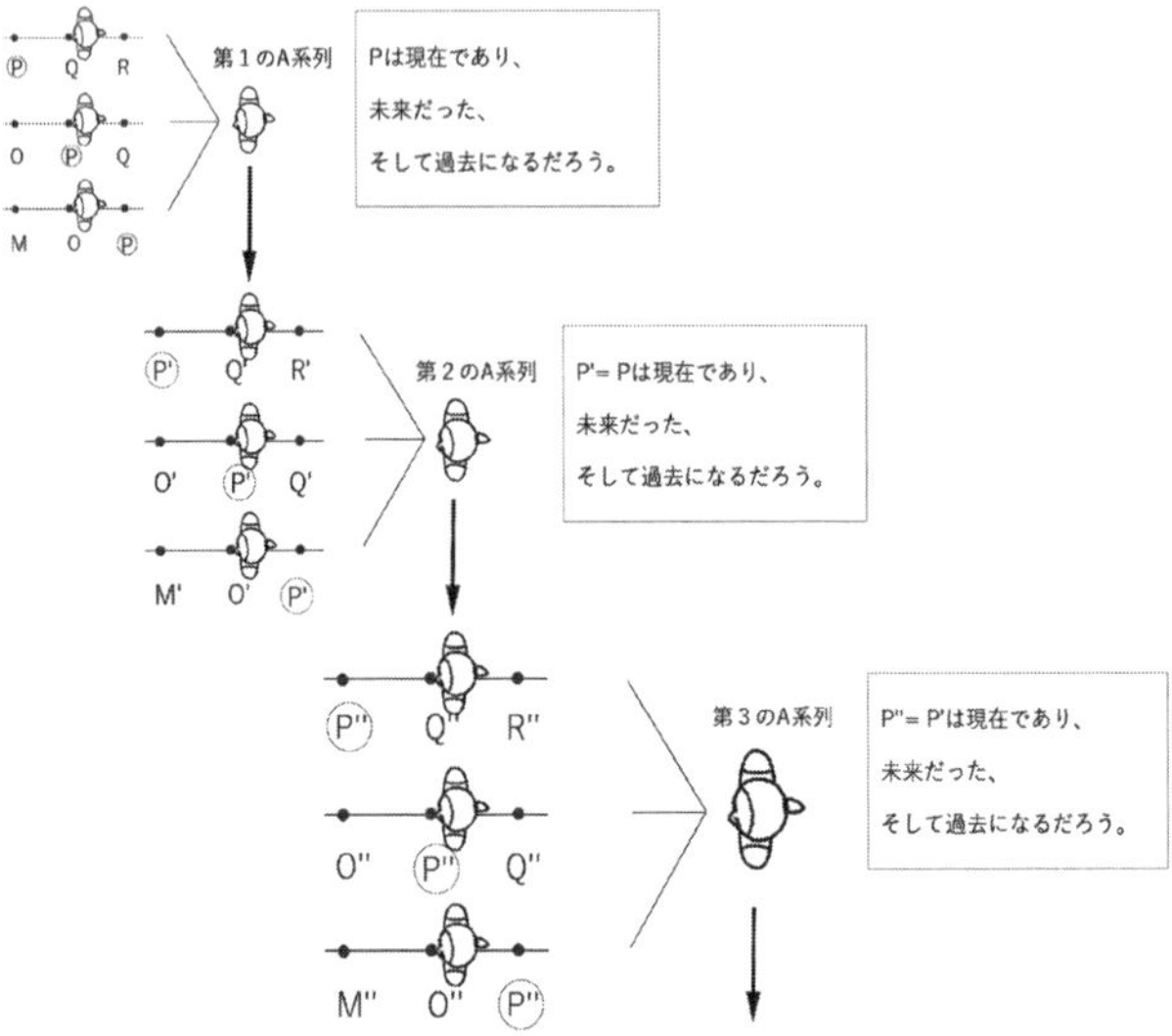
P Q R
O P Q
M O P
第1のA系列
Pは現在であり、
未来だった、
そして過去になるだろう。
P' Q' R'
O' P' Q'
M' O' P'
第2のA系列
P'= Pは現在であり、
未来だった、
そして過去になるだろう。
P'' Q'' R''
O'' P'' Q''
M'' O'' P''
第3のA系列
P''= P'は現在であり、
未来だった、
そして過去になるだろう。

図 11　発言の時点が別の A 系列に含まれ続ける無限後退

Pは、現在であり、未来だった、そして過去になるだろう」と言うと、それは「出来事Pは、過去においては未来であり、現在においては現在であり、未来においては過去である」ということと同じであり、時間を説明しようとしている際に当の時間そのものを用いざるを得ないという悪循環に陥る。(図10)

★矛盾を避けようとして、「出来事Pは、現在であり、未来だった、そして過去になるだろう」と言うと、その発言をした時点が別のA系列に含まれ続けるという無限後退に陥る。（図11）

13. A系列には矛盾があるため、時間は実在しない。[13]

14. 客観的なC系列が存在するのかどうかは、今後の課題として残る。[14]

★C系列自体が、視点転換の操作や視点そのものと独立に客観的に存在するかどうかはさらなる検討の余地がある、ということ。

7　問題と言語形式の不一致

A系列の矛盾と困難

　ここまで、マクタガートの時間論を手話の空間に再配置し、その議論の構造を確認してきた。前章の図を何度も丁寧に見返すことで、当初複雑に思えた時間論の流れが、追いやすくなるはずだ。ここまできたら、証明の中核となる「A系列の矛盾と困難」について整理しておこう。マクタガートは、C系列とA系列が合わさることにより、変化と向きが生まれ、時間を得ることができると考えた。手話で考えると、O・P・Qなどの単純な記号列に「過去」・「現在」・「未来」を重ね合わせて上から眺めてみることが、進行方向のある時間を生み出すことになる。マクタガートはここで、どの出来事も「過去」・「現在」・「未来」の一つでなければならないことと、それら全てであるということは矛盾するとした。その矛盾を避けようとすると、当のA系列そのものを持ち出したり（困難1）、別の増殖するA系列を持ち出したり（困難2）しなければ、説明することができないという。これは一体どういうことだろうか。

まず、記号列O・P・Qに対して、最初のOを「未来」、Pを「現在」、Qを「過去」と考える。これにより、C系列にA系列が足される。この重ね合わせが時間の流れという動きの方向を持った時間を生む（図6・7）。こうした時間軸上にある位置は出来事と考えることができる。ここで、例えばある出来事Pが「未来」・「現在」・「過去」と変化する場合、出来事Pは「未来」・「現在」・「過去」のうちのどれか一つでなければならない（少なくともある時点では）。しかし、出来事Pはそれら全てでもある（出来事が未来→現在→過去と変化した後の時点では）。ここに矛盾が生じる。どれか一つでなければならなかったはずの時間がその全部になってしまうのだから。

困難1

この矛盾を避けようとして、出来事Pの時間上の変化を説明しようとすると、ますます窮地に追い込まれる。例えば、出来事Pを自分の誕生日だと考えてみよう。自分の誕生日が「未来」・「現在」・「過去」と変化していくことを小学2年生に説明しようとすると、例

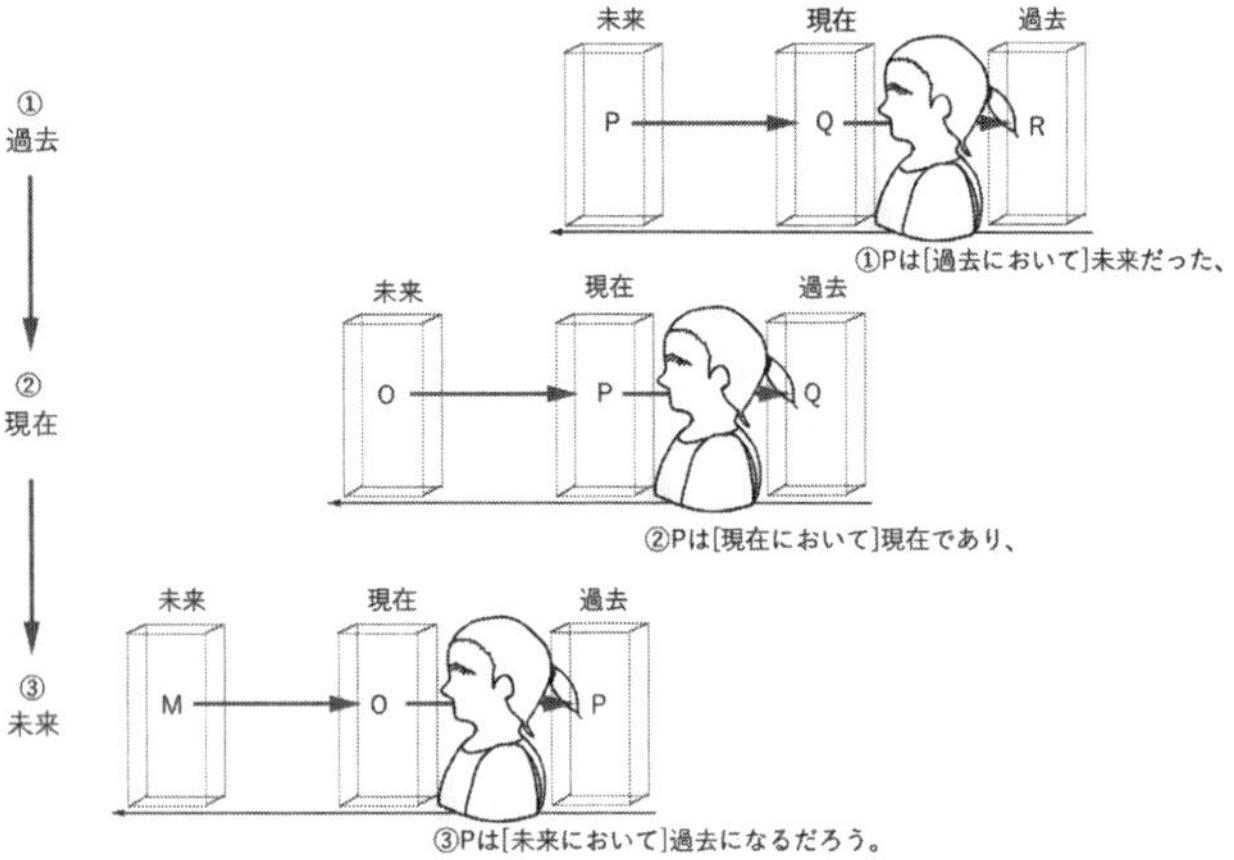

図 10（再掲）

えばこんなふうになる。「今日の私の誕生日は、まさに現在は現在であるけれど、過去には未来だったもので、そしてこれから先の未来には過去になってしまうようなものなのよ」と。マクタガートは、これでは時間の根本的な区別であったはずの「現在」・「過去」・「未来」が、そうした区別そのものによってしか説明されていないことになり、説明として論理的に正しくない「悪循環」に陥っていると断罪する。「ちょっとそこのお母さん、こんなヘンテコな説明ではお子さん

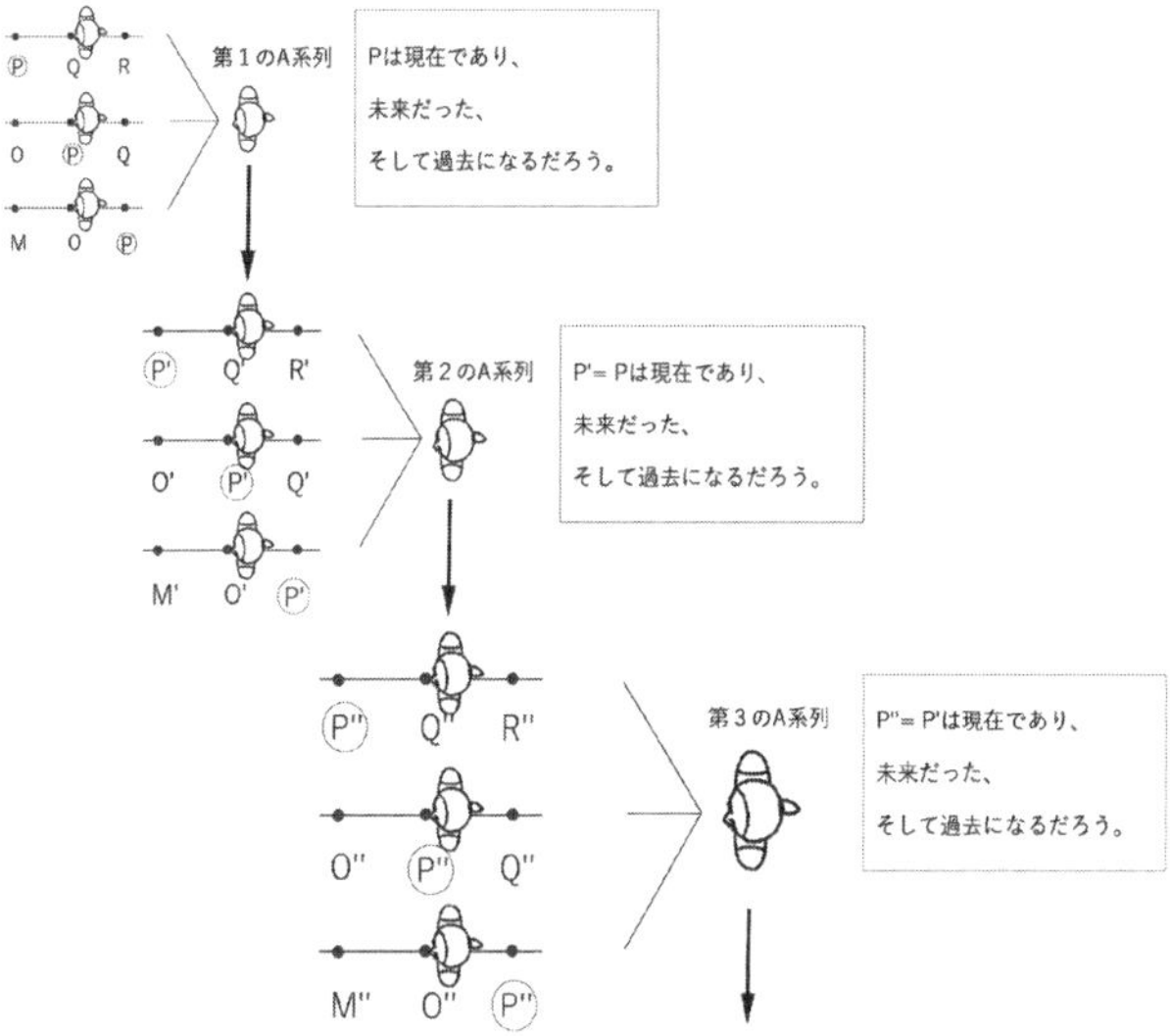
Ⓟ Q R
O Ⓟ Q
M O Ⓟ
第1のA系列
Pは現在であり、
未来だった、
そして過去になるだろう。
P' Q' R'
O' P' Q'
M' O' P'
第2のA系列
P'＝Pは現在であり、
未来だった、
そして過去になるだろう。
P'' Q'' R''
O'' P'' Q''
M'' O'' P''
第3のA系列
P''＝P'は現在であり、
未来だった、
そして過去になるだろう。

図11（再掲）

は将来哲学者になってしまいますよ」、とでも言わんばかりに。これが困難1である。

困難2

気を取り直して、別の仕方で説明してみようとすると、例えばこんなふうになる。「私の誕生日は、未来だったものが、現在になって、これから過去になるんだけど、その変化を見ているその時点も、未来だったものが、現在になって、過去になって、またその変化を見ている変化を見ているその時点も、未来だったものが、現在になって、過去になって、またその変化を見ている変化を見ているその時点も……」と。マクタガートは、これでは時間の根本的な区別であったはずの「現在」・「過去」・「未来」が、それ自身に含まれ続けることでしか説明されていないことになり、説明として論理的に正しくない「無限後退」に陥っているという。「お母さん、2回目に挑戦したことは評価できます《ナイストライ》が、率直に言ってさっきよりまずいです」とでも言わんばかりに。これが困難2である。

こうして、マクタガートは、より基礎的で欠かせない時間の区別であるA系列が矛盾を抱えていて、その矛盾は避けられないことから、時間そのものは実在しないという結論に至る。

手話空間におけるA系列とB系列の不自然さ

そうは言ってもマクタガートの議論には、どこか要所要所の設定自体に無理があるようで、どうもまだ引っかかる。ここでもう一度、手話空間での困難1と困難2に注目してみよう。それぞれ図10、図11のように一応は表せた。マクタガートの議論の始まりを手話で表現するためには、図6のようにO・P・Qという単純な記号列に「過去」・「現在」・「未来」を重ね合わせて上から眺め、出来事が進む方向を確かめることが必要になるが、これを実際に手話で表現してみると、この構図において、奇妙なことに気がつく。

1つ目の奇妙さ

まず、O・P・Qという単純な記号列に、例えば車の動きなどの進行方向が加えられたとしたら、記号同士の関係は進行方向に対して「前と後(back/front)」になるだけで、時間的に「より前とより後ろ(earlier/later)」にはならない。記号列O・P・Qに「過去」・「現在」・「未来」を重ね合わせた時に、そこに時間の「向き」を読み込むからこそ、記号は「出来事」として捉えられ、O・P・Qは未来から現在を通って過去に「流れる」ように見え、それらの出来事同士の関係を時間的に「より前とより後ろ(earlier/later)」で区別することが可能になる。つまり、A系列(「過去」・「現在」・「未来」)の中で、時間がどこからどこに向かって動くのかという「向き」という時間概念を持たなければ、出来事同士の関係

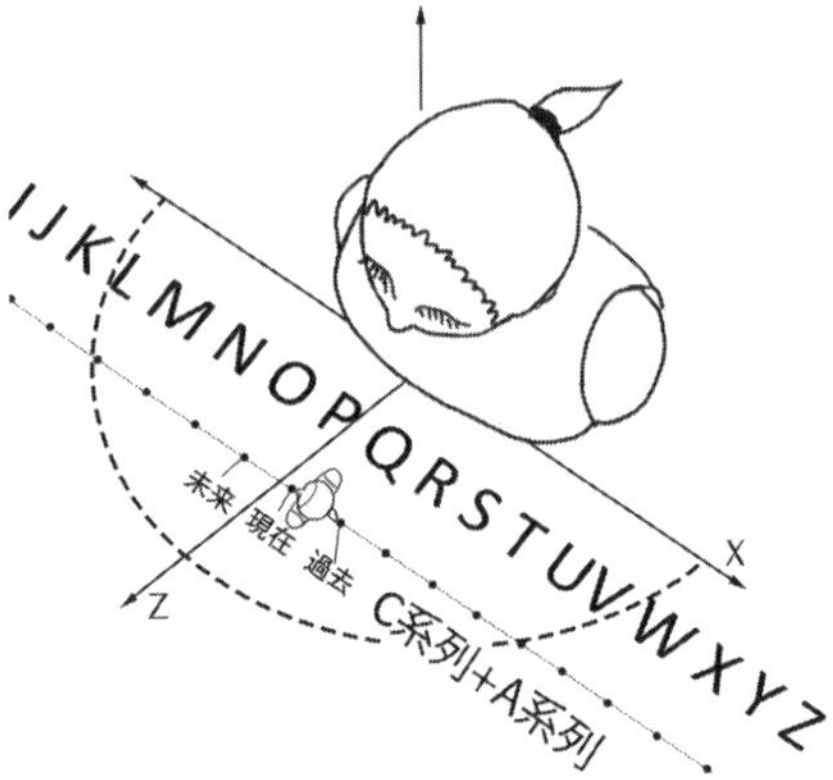

図6（再掲）

をB系列（より前・より後ろ）で区別することはできない。従って、マクタガートの時間論のこの構図（手話空間で対応するのは図6）における視点の主は、時間の進む方向をあらかじめ知っていなければならない。時間の概念を最初の一歩から説明しようとしている段階なので、これはかなり奇妙だ。

2つ目の奇妙さ

また、手話における「現在」という語彙は、等身大視点空間における話者の身体と「現実」を含むものである。従って、マクタガートの議論にあるように出来事O・P・

Qの列が、「過去」・「現在」・「未来」という区分上で動くと考える（あるいは「過去」・「現在」・「未来」が、出来事O・P・Qの列上を動くと考える）と、出来事が「現在」を通過することは、その出来事が話者の目の前で今まさに現実化することを意味する。[30] 従って、マクタガートの時間論のこの構図（図6）において視点の主は、あらかじめ決められた出来事が一列に並んで順に現実化していく様子を上から眺めることができなければならない。これは手話空間において、不自然なものとして浮かび上がる。例えば「神」や「科学的な視点」など、その様子を見ている主体を明示（あるいは暗示）する必要があり、主体が「神」であれば、なるほどそういう想定なのかと考えることはできるし、過去に起こった出来事をなぞる視点と考えることは可能だが、それは現在まさに誰かの目の前で起ころうとしている現実とは異なる。

3つ目の奇妙さ

さらに、マクタガートの議論において、時間上の任意の出来事を「より前（earlier）」・より後（later）」で区別するあり方をB系列とした点も、不自然な点が浮かび上がる。例えば、性別の異なる双子を妊娠中の女性がどちらの性別の赤ちゃんが先に生まれるのか想像している場面を考えてみよう。双子の出産はこれから現実化する可能性のある出来事だが、どちらの性別の赤ちゃんが先に生まれるかは現時点ではわからない。この場合、等身大視点空間で生まれたばかりの女の子の赤ちゃんと男の子の赤ちゃんが話者の目の前にいるかのようにそれぞれ視線を向けて、「女の子が先に生まれて、その後で男の子が生まれるかな？」と手話で表現することは自然にできる。しかし、同じ意味のことを鳥瞰視点空間内に目印《トークン》を話者から見て左側地点（L）、右側地点（R）に置く形式で、「女の子が生まれる時点L、男の子が生まれる時点R、Lの方が前だと思う」のように表現するのはやや不自然だ。一方別の例として、二度の世界大戦の順番を説明する場面を考えてみたい。この場合、「第二次世界大戦よりも、第一次世界大戦の方が前に起きた」という意味を、鳥瞰視点空間を使って「第一次世界大戦が起きた時点L、第二次世界大戦が起きた時点R、Lの方が前に起きた」という形で表現することは自然にできるし、理解可能だ。またロールシフトを使って、2つの世界大戦を経験した人の視点を借りながら、等身大視点で同じ意味を伝えることも可能である。これらの例からわかるように、未来の不確定な出来事について、時系列が定まったものとして鳥瞰視点空間で表現し、前後関係を区別する表現は不自然さが残るのだ。先の双子の出産の例の場合、等身大視点空間で、どんな出来事が話者の目の前で先に起こるかを表現する方が自然なためだ。これに反して、マクタガートの時間論では、全ての出来事において過去に起こった出来事と同じように前後関係の順番を区別できる主体が想定されている。従って、この構図において視点の主は、全ての出来事について既に起こった過去の出来事と同じように順番を区別することができる。これは手話での例を考えるとかなり奇妙だ。

これらの3つの奇妙な点をまとめると次のようになる。

一連の単純な記号列に、時間の最も基礎的な区別である「現在」・「過去」・「未来」という語を重ね合わせて、出来事として上から眺め、これからまさに時間という概念が構成されるさまを説明しようとしているにも関わらず、

(1)その主体は、すでに時間が流れる方向を知っている。

(2)その主体は、一連の出来事がこれから現実化していく様子を眺めることができる。
(3)その主体は、全ての出来事について既に起こった過去の出来事と同じように順番を区別することができる。

つまり、この構図における主体は、時間がどの方向に流れるかを知っているだけでなく、一連の出来事が「現在」においてこれから現実化することを知っており、未来と過去の区別なく出来事同士の前後関係を判別することができる。既に時間の進む向きという時間概念を先取りしている以上、時間の基礎的な区別として導入されたA系列が循環した構造を持ってしまうのは避けられない。「マクタガートさん、そんな無茶な設定では、時計を読むことを勉強中の小学2年生は納得しませんよ」と逆に言いたいくらいである。時間という概念の外にいる小学2年生以下の子どもならば、そもそもこんな先取りした特殊な知識は持ち得ないからだ。ひょっとしたら時間の概念を獲得するということは、こうした捻れた構造をもつ特殊な知識を身につけるといえるのかもしれないし、実際マクタガートはこの線で時間の非実在性を主張したのかもしれない。しかし、この捻れた構造は今まで十分に解明されてこなかった。時間の概念を獲得した大人が、音声言語の枠の中で、捻れた構造に潜む3つの問題点を指摘するのは困難だったと考えられる。

一方で手話空間において、これから現実化する可能性のある未来の出来事が等身大視点空間で語られる時、複数の出来事の関係は、年史的な「前・後」の関係としてではなく、あえて区別するならば、話者の感情を含めた現実味のあるイメージを伴う「先・次」の関係として理解ができるように思われる。遠い過去の出来事の場合、鳥瞰視点空間でも表現可能だが、等身大視点空間で語ることもできる。後者の場合、出来事を体験した主体の視点を借りて話者が演じる必要があるものの、依然として誰かにとっての現実がそこにあったものとして表現されるため、この表現内での複数の出来事の関係は「先・次」の関係として理解ができる。未来の出来事を含む全ての出来事について、確定したものとして前後関係を区別できると捉えたマクタガートの視点は、あたかもそれら一つ一つの出来事が誰のものでもない現実であるかのようで、極めて限定的な想定がマクタガートの中にあったのではないかと思えるのだ。

マクタガートの時間論と言語形態の問題

先に確認した奇妙な視点を先取りしてもつ主体は、マクタガート自身の「決定論的な世界観」——宇宙の誕生から現在まで出来事が生じる順番も中身も予め決まっていると考えること——を反映していると解釈することも可能で、実際そうした批判はこれまでに様々な哲学者からなされてもいる。そして通常こうした批判は、形式的記述を駆使して全体の構造を精緻に分析することでなされるが、手話空間においては、議論を立ち上げる初期の段階において、時間についての知識、すなわち、時間がどこからどこへ流れるのかの知識が既に前提となっていることが読み取れ、マクタガートの証明自体が最初からうまく行っていないポイントを指摘することができた。ではなぜ、マクタガートの前提は、ある言語では露呈し、ある言語では隠されてしまっているのだろうか。

第一に、マクタガート自身の直観は、「向き」や「方向」や「視点」を伴った空間的で視覚的なイメージに支えられているにも関わらず、それらの「向き」や「方向」や「視点」などの情報が一貫性を保ちながら正確に言語化されていない。すなわち、「未来」・「現在」・

「過去」という単語を現実空間上に規定した視覚イメージと、そこに時間の向きと動きを読み込んだ視覚イメージは、その視点や内容が異なるにも関わらず、マクタガートは同じA系列と見なした。まさにそのことで、避けがたい矛盾が生まれ、哲学上の謎として継承された。とすれば、矛盾はマクタガートの論証の過程で、ひょっとして本人もそれと知らずに仕掛けられたもの、とも考えられる。

一方で、手話の空間に配置したマクタガートのA系列は、図5と図7として区別して表現でき、これらは明らかに同一ではない。なぜ、マクタガートはこれらを同一視したのか。これは、マクタガートの言語能力に欠陥があったというよりは、心にある概念とそれを表現する言語形態が一致していないためではないかと私には思える。3次元空間上の動きのある視覚イメージを、論理関係に注目した形式的な記述のみで表現するには、次元を圧縮する必要があり、その圧縮に伴い、「向き」や「動き」は元々の情報をそのまま保つことができず、結果としてこうした失敗は避けられない[31]。

第二の要因として、解釈者の側の認識の問題も指摘できる。出来事が一列に並び、時間の流れとともに順に現実化しようとしている様子が見渡されるという想定は、マクタガートの議論を順に一読しただけでは判読が難しく、隠されている。[32] これは、音声言語で話している限り、音声という物理的な性質上、出来事は一方向の流れを持った形で継時的にしか表現されえず、「出来事の配置の一列性」が限定的な想定だとすぐに気付くことが難しいためと考えられる。[33]

一方で、手話の空間で考える際、個々の客体は、同時に表現することが可能で、出来事が一列に並んで順に現実化するのを待つように存在しているという想定そのものが限定的な状況にならざるを得ない。また、手話では、単語と単語の間にも空間があり、その間に直線や中点を想定しやすく、視点を転換させることもできる。この言語としての機能により、話者の身体や現実空間は、「現在」と表現された地点であれば、それがどこであっても、現実空間としての視点の転換が可能である。このため、出来事が一列に並んで、任意の現在において順に現実化する様子を、誰の現実でもないものとして眺める視点は、手話では仮定的なものとしてしか描写せざるを得ない。それはある想定された「時点」であり、ある「現在」ではない。「現在」とは、誰かにとっての現実でしかありえないためだ。

ここに、「誰かにとっての現実」と切り離された「現在」という記号がどんな意味を持つのか、それ自体が哲学的な謎として音声言語の枠組みに閉じられて継承されてきた可能性が伺える。[34]この問題は第3部で改めて議論するが、ここで言えることをまとめておこう。

マクタガートの失敗は、直観を支えていた向きや動きを伴う空間情報が、音声という言語形態の限界により失われ、議論の途中で変質しているにも関わらず、そのことに気づいていない点にあると考えられる。さらに厄介なことに、ここで見逃された問題はその後検証されることなく、哲学的な謎として音声言語の枠組みに閉じられて継承された。

結局のところ、マクタガートへの批判としてしばしば登場する「決定論」とは、鳥瞰視点に自身の等身大視点を仮置きしておいたにもかかわらず、そのことを忘れて自分自身を消し去った後に残った出来事の一列性という幻影なのかもしれない。音声言語の場合、音素を時間軸に沿って順に発声するという表出形式のため、この視点変換や空間イメージが言語の形式の中から失われやすく、文法としてもあまり組み入れられていない。[35]このことが時間の謎を謎として深めている可能性がある。直観を支える心の視覚イメージは高速で動く。その速度に耐えうる空間的・時間的解像度で捕まえなければ、問いの形を正しく言語化することは不可能だ。マクタガートに手話の能力があったなら、あるいはそれに匹敵する空間分解能で自身の視覚イメージを正確に表現できていたならば、時間の実在性をめぐる議論は違う形になっていたかもしれない。

私たちは、手話空間でマクタガートの時間論を追うことで、それのどこに問題があったのか、これまで見逃されてきた3つの奇妙な点をもとに、見通しを立てることができた。これは大きな成果ではある。しかしそうは言ってもまだ、「誰かにとっての現実」と切り離された「現在」という記号が意味するところがどうもひっかかる。マクタガートの議論の中でこのような現実をどう理解したらよいのか、次章では「産む性」の視点を使って切り込んでいこう。

マクタガートよ、空間上の位置と視点を正確に区別できる分解能がもっと高度であったならば、議論は同じように構築できたでしょうか。例えばあなたに手話の能力があったとしたら、時間論はどんな形になっていたでしょうか。

［コラム］日本手話のリズム

本書のここまでの議論を通して、読者の中には、手話を勉強してみたいと思った人もあるかもしれない。そのような読者のために、手話初学者にとって最大の課題の一つとなる、日本手話の習得とリズムの問題について解説しておきたい。

著者自身の手話学習歴について振り返ってみると、最初に手話通訳養成講座で基本の手話単語を５００単語以上習得し、学習の頻度は週一、期間は2年間だった。しかし、その後しばらく手話ネイティブのろう者同士の会話には全くついていけないままだった。その後アメリカ手話の教室に通い、教室終了後の懇親会に参加することで、クラスメイトの日本手話を何とか読み取れるようになった。ここまでざっと5年は経過している。

このような個人的な経験と、情報科学分野で手話の韻律構造と身体知研究に従事した経験を照らし合わせて考えると、音声日本語話者にとって、日本手話の習得が難しい要因が二つある。一つ目は、基本単語の習得に時間がかかること。二つ目は、日本手話には独自のリズムがあることである。順に説明していこう。

まず、基本単語の習得について。著者が手話を始めた当初、一般的な手話講習会では、単語の意味を先に覚えてから、文章にして表現したり、読み取ったりする練習を行っていた。講師が1単語ずつ区切って単語を表現し、生徒はそれに倣って手や顔の表情を真似して、覚える。アイウエオなどの50音に対応する指文字や数字は一度に覚えられないため、自宅で、新聞を読みながら手を動かして覚えたりする。次に、教室で別の生徒とペアになって、覚えた単語を文章にし、質問と回答を繰り返す。「何人家族ですか?」「父と母と私と妹の4人と、あと猫が1匹います」のように。質問と回答の役割を入れ替えて表現することを繰り返す。このような学習方法で、学習した単語数が日常基本単語の数百語を超えるのに、週1回の講習で、約2年程度かかる。

教室以外にも、今であればDVDの学習素材も発売されているので努力次第でもう少し時間を短縮できるかもしれないが、自習の場合、本当に通じる手話になっているか不安が伴う。さらに、この単語中心の学習方法だけでは、学習した単語数が例え数千を超えても、自然なスピードの日本手話の会話を読み取ることは難しい。これが二つ目の要因「日本手話のリズム」につながる。

日本手話では、音声日本語の「てにをは」にあたる言葉が、動きの間や表情によって表現される。著者らの二〇〇八年の研究では、(1)「姉・名詞X・好き」と(2)「本当・姉・述語Y」という二つの形式で、それぞれ名詞Xに入る単語や述語Yに入る単語を入れ替えつつ、日本手話ネイティブに意味を表現し分けてもらう実験を行なっている。[36] 例えば、日本手話話者に、(1)「姉・帽子・好き」の三単語を使って、(1)—1「姉は帽子が好きだ」と(1)—2「(私は)姉の帽子が好きだ」で訳し分けてもらうと、(1)—1の意味の場合は「姉・・帽子好き」というリズムになるのに対し、(1)—2の意味の場合は「姉帽子・・好き」になる(・はポーズの長さを表す)。また、今度は、(2)「本当・姉・元気」の三単語を、(2)—1「本当に姉は元気だ」と(2)—2「実の姉は元気だ」で訳し分けてもらうと、(2)—1は「本当・・姉・元気」というリズムになるのに対し、(2)—2は「本当姉・元気」になるのだ。こうやって文字で書くと、簡単なように思えるかもしれないが、このポーズやポーズに伴う表情の変化はほんの僅かな違いで、手話初学者がこの違いを見分けて、正しい意味解釈につなげることは極めて困難なのだ。著者らはさらに、収録した日本手話ネイティブの動画を「韻律認識測定（Measurement of Prosody Recognition: MPR）」という問題形式に編集して、問題の正答率と手話通訳の経験年数の関係を調べる実験を行っている。この結果、手話通訳の経験年数が1年未満の初学者では、「姉・帽子・好き」や「本当・姉・元気」などの2種類の訳し分けを正しく読み取れたかどうかを示す正答率が5〜6割なのに対し、1年以上の熟練者では、正答率は8〜9割となった。手話学習をある程度終えて、通訳として現場で働くようになっても、日本手話のリズムと意味の対応付けができるようになるには、さらなる修練を要することがわかる。

ここで一つ参考にして頂きたいオンライン教材がある。著者らが二〇一三年に開設した「旅手話」という手話学習サイトである。旅行業界で用いる手話表現に特化しているが、最初に目で見えるリズム感をつかんでから、単語の意味の学習を進めることができる。手話がどんな言語なのか感覚的に摑むために、参考にされたい。

https://tabisyuwa.com

25――Liddell(1995, pp.27-38)は、それぞれの空間を、空間内に配置するオブジェクトの名前を使って、トークン・スペース（token space）とサロゲイト・スペース（surrogate space）と呼んでいる。

26――Emmorey et al.（2000）では、アメリカ手話話者と英語音声話者の間で、地図内容を他者にどう伝えるか違いを調べる実験の過程で、手話空間として、図式空間（diagrammatic space）を鳥の視点で環境を眺める2次元あるいは3次元の地図的な環境モデルと定義し、観察者空間（viewer space）を観察者が現在環境を3次元的に見ている視点を反映した空間と定義している（p.159）。また、この実験の予備実験で、自宅や寮などを話者がよく知っている空間を手話で再現する場合には観察者空間が取られる傾向が確認されている（p.163）。さらに、それぞれの空間と、リデルの定義する目印空間（token space）と代理人空間（surrogate space）の類似性も指摘されている（p.179）。

27――市田（2005b）。

28――例えば「小さな鳥が一本の大きな木の枝にとまっている」を手話で表すと、通常「大きな木の枝」が「小さな鳥」よりも先になる。

29――マクタガートの時間論では、「未来」・「現在」・「過去」の上を一連の出来事が動いていくことと、一連の出来事上を「現在」が動いていくことは同じこととされるが、手話空間では、前者は等身大視点で表現され、後者は鳥瞰視点空間で表現されるため、取られる視点が異なる。

30――これは必ずしも現在の話者自身の現実である必要はなく、過去や未来の話者自身の現実であってもよく、他者の現実であってもよい。ともかく誰かにとっての現実が含まれなければならない。

31――マクタガートの言うA系列には動きが含まれるものと含まれないものの2種類があるという指摘は例えば、中山（2003, p.79）や青山（2004, p.62）でもなされている。さらに、時間の動きを表現する限界について、中山は「形式的記述は、元来、静的なもので、時間の動性を完璧に描くことはできない」と述べ（同、p.149）、青山は「われわれの手持ちの言語において的確に表現可能なのは、異なる時点間の対象の差異、つまり性質的変化に限られる」と述べている（同、p.66）。ここで言われている「形式的記述」や「言語」とは、音声言語と書き言葉に限定的なものではないか、というのが本書の主張である。

32――この想定は、ここで指摘する第一の要因が正しいとすれば、マクタガートの視覚イメージの一部なのであるが。

33――この困難は、飛び石の上を歩いている時、飛び石が人の足の歩幅であらかじめ並べられていることに気がつきにくいことと似ている。

34――フランスの哲学者ジャック・デリダ（2003）は、書き手が不在でも、誰の手に渡っても意味が反復して理解されうるのがエクリチュール（書き言葉）の特徴と考え、書き手の意図を知らなくても記号は読解可能だとした。デリダの目には、音声言語中心主義とは、誰かにとっての現実（現前性）と密接に関わるものとして映っており、現前性を元にする哲学を批判する。私には、デリダがいうエクリチュールの特徴であるところの、書き手の不在においても意味が正しく伝わる反復可能性という機能は、むしろ書き言葉と同じかそれ以上に音声言語の中にも含まれているように思える。だからこそ、「誰かにとっての現実ではない現在という記号」は、音声言語を通じて、字義通りには伝わる。一方で、こうした記号としての現在における出来事を自分の目の前で起こったものとして理解することも可能である。音声言語や書き言葉には、こうした不在と現前の両方の読解可能性が切りわけられずにあることが、「現在」の読解をめぐる謎を謎として深めているように思われる。

35——熊谷（2011, pp.3-28）では、聞き手と話し手が対象を共同注視している三項関係の構図から、日本語の「これ」・「それ」・「あれ」の空間理解を分析している。「これ」と「あれ」の近称と遠称の指示詞しかない英語や中国語と異なり、話し手と聞き手のどちらの近くにあるかで「これ」と「それ」を区別する日本語は、三項関係の把握が難しい自閉症児には、言語獲得のつまづきの元になるという。このように音声言語の中にも空間上の人や物の位置関係を前提とする語彙が含まれているケースは存在する。

36——S. Tanaka, K. Nakazono, M. Nishida, Y. Horiuchi, A. Ichikawa: "Evaluating Interpreter's Skill by Measurement of Prosody Recognition," Transactions of the Japanese Society for Artificial Intelligence, Vol.23, No.3, pp.117-126, 2008.

第３部　生と死の現実を産む性の視点で考える

8　誰のものでもない現実

息子「タバコって吸ったらダメなんだよ」
母「うん、子どもは特にね。でもなんでダメなんだろうね？」
息子「タバコ吸うと、死ぬ時間が減るんだよ」
母「死ぬ時間が減るって、どういう意味？」
息子「えっ、死ぬって意味わかるでしょ？」
母「わかる」
息子「時間って意味わかるでしょ？」
母「わかる（多分）」
息子「そ・れ・が、減るってこと（両手で減るというジェスチャー）」
母「うーん、つまり死ぬまでの時間が短くなるってこと？」
息子「だ・か・ら！　だんだん死ぬってこと!!」

第2部でマクタガートの時間論を手話の空間を使って検討した際、最後に次のように述べた。

「誰かにとっての現実」と切り離された「現在」という記号がどんな意味を持つのか、それ自体が哲学的な謎として音声言語の枠組みの中で閉じられてきた可能性が伺える。

この問題は慎重な検討を要する論点なので、問題となっているマクタガートの「現実」がどんな意味をもちうるのかについて、ここでは考えてみたい。出来事が一列に並び、主体が不在のまま順に現実化していくというイメージで、マクタガートは一体どんな現実を想定していたのか。ここまで、マクタガートの時間論には、時間の進む向きがあらかじめ含まれていることで、矛盾は起こるべくして起こっている可能性があることを確認した。ただ、もしかしたら誰の現実でもない「現在」の意味するところは、何か特殊な問題を含んでいるのかもしれない。ある特定の現実ならば、誰かにとっての現実と切り離された「現在」の意味を、音声言語でも、手話でも、理解できるかもしれない。彼の議論を支える「現実観」には、何か見落としてはいけない、切実なイメージが含まれているように思われるためだ。マクタガートの切実さが読み取れるのは、『時間の非実在性』に現在の例として「私のこの論文の執筆」が挙げられている箇所である。

> われわれがおこなったことは、以下のようなことであった。私のこの論文の執筆［という出来事］が、過去である、現在である、未来である、という［両立不可能な三つの］特性を持ってしまうという困難に対処しようとして、われわれは、それは現在であり、未来だった、そして過去になるだろう、と言うことにする。[37]

一人称現在の出来事が「今」として使われていることから、マクタガート自身の生きる時間の解明が求められていたことがわかる。

矛盾した構造を指摘することで時間の非実在性を主張したマクタガートだが、他にもそのテキストからは、真にその非実在性を主張したかったのは、実は時間ではなく、何か別のものなのではないかと読める箇所があるのだ。ここでは、マクタガートの「現実観」の正体を知るための手掛かりを探ってみよう。

少し遠回りかもしれないが、まずは「現実」という言葉の意味を探ることにしたい。「現実」という言葉は多様な意味で語られる。この章では、3つの現実を紹介するが、いずれもマクタガートの現実観とは似て非なるものであることを見ていこう。手始めに、マクタガートから時代と空間を大きく移して、日本の平安初期に編まれた『伊勢物語』の世界から──。

夢ではない第1の現実

日本語の「現実」は、「夢かうつつか」という表現に見られるように、夢と現実（うつつ）が対比され、現実は「夢ではないもの」として解釈されることがある。この用法は、次の歌にも見られる。

君や来しわれや行きけむ思ほえず夢かうつつか寝てか醒めてか

（あなたが来たのか、私が行ったのか、思い出せません。夢だったのか、現実だったのか、寝ていたのか、醒めていたのか…）

夜通し語らった男女が別れた翌朝、女から男に宛てた歌。男は在原業平《ありわらのなりひら》、女は伊勢斎宮・恬子内親王《やすこないしんのう》。女の歌に対して、男は次のように返す。

かきくらす心の闇にまどひにき夢うつつとは今宵定《こよいさだめ》よ

（私の心は一面真っ暗で迷っていました。あれが夢だったのか現実だったのか、今夜確かめさせてください）

伊勢神宮に仕える清廉であるべき斎宮と、色好みな業平との禁断の恋。この歌はその後様々な脚色を経て詠み継がれることになる名歌だが、この中の「現実」とは、夢ではないもの、私が目覚めて現実に経験したこと、という意味である。この夢ではないものとしての「現実」は、ある現在の「現実の続き」をまた別の現在に再現できるものとして捉えられる。最初の「現在」は、業平と恬子内親王の現実であったはずのもので、業平は「今宵」をその確認の機会にしようと提案しているのだから。[38] これを第1の現実とするならば、マクタガートの時間論における「現実」とは異なることがわかる。マクタガートの「現実」において、その「現実」と切り離された「現在」は、誰にも知覚され得ない現在である。「現在」に起こる出来事は、人間の通常の知覚を超えて確かめる術はなく、「誰かにとっての現実」と切り離された「現在」がどんな意味をもつのかは、夢ではないものと定義してもなお、謎に包まれたままだ。

科学的に暴かれる第2の現実

一方、自然哲学の文脈でギリシアから受け継がれている「現実」は、業平と恬子内親王が追い求めた現実とは意味が異なる。自然哲学での「現実」は「人間の見かけの上ではないもの」という意味で用いられることが多く、その起源は、理性の力をもってすれば世界の成り立ちを見極められるという、紀元前5世紀に生まれた理性主義の立場にまで遡る。ギリシアの植民都市南イタリアのエレアで生まれたパルメニデスは、目に映るあらゆるものを幻想とみなすに至る。このパルメニデスの弟子のゼノンは、「ゼノンのパラドクス」で運動の見かけ上の不合理を提示した。ゼノンは、亀と人間のアキレスが競争する際、亀が10メートルのハンデを得て出発した後、アキレスが亀に追いつくことができるのは論理的に不可能で、不合理でかつ幻想であることを論証した。最初の10メートルの差をアキレスが縮める間に亀は数十センチ進み、さらにその数十センチの差をアキレスが縮める間にも亀はまた少し進むため、永久に差が生じたままアキレスは亀に追いつけないはずである。しかし現実に私たちの経験する世界ではアキレスは亀に追いつく。従って私たちが見ている世界は不合理で幻想である――。このようにゼノンは結論づけた。しかしこれは、誤っていた。

現代のイタリア人物理学者、カルロ・ロヴェッリによると、ゼノンが誤ったのは無限の個数の事物を合計すれば無限の事物が得られると推論した点にあり、この誤りを数学的に指摘するには、無限級数の和に関する数学的手法が確立される19世紀まで待つ必要があった、という。[39]ゼノンが試みた論証自体は誤りであったものの、こうした目に見えない「現実」をどう捉えられるかという問題は、現代の自然科学の研究者たちによって受け継がれている。仮説を立て、検証することで、最も確からしい「現実」を規定する手法として、物理学や天文学などの科学が発展した。反証が可能であることが科学の進展に不可欠なことであるため、誤ることは決して無駄ではない。

ただ、この意味での「現実」が任意の現在に結び付けられる場合、それは「誰かにとっての現実」ではない。例えば、40億光年前のブラックホールからニュートリノが生じた時点に天文学的に想定される現実になる。この想定が正しいかどうかは、観測されたデータや理論との整合性で確率的に定まる。マクタガートが試みた時間論の中での「現在」とは、こうした想定だったのだろうか。一連の出来事が順に「現在」において現実化するイメージとはややそぐわず、マクタガート自身の経験する現実でもないことから、こうした科学的に暴かれる現実ともズレがありそうだ。

力としての第3の現実

現代の日本の哲学者が行った「現実」の分析も見ておこう。入不二基義は、近年刊行された『現実性の問題』の中で、現実の水準を三つの区分に分けて分析している。[40] (1)何かがまさに起こった事実としての現実、(2)何らかの現実が生じる無数の可能性の一つとしての現実、(3)諸可能性が秘められている潜在性の場としての現実の三区分だ。また、入不二は、現実そのものをこの三区分の円環を還流する動的な存在として描き出す。最終的にこうした「現実性」を現実にしているのは、「現に」と副詞的に働く力だという。入不二の分析で魅力的なのは、概念を動きのある存在として捉え、その動性を活写しているところにある。

では、これらの三区分のうちのどれか、あるいは言語の外で働く力としての現実が、マクタガートの想定する「現実」と合致しているだろうか。敢えて入不二の用語に惹きつけて言うと、何かがまさに起こったという事実としての「現実」と、無数の可能性の一つとしての「現実」が折り重なったところにあたるかもしれない。と同時に、人が言語や認識を通して捉える現実の外側で働く力でもあるのかもしれない。しかし、マクタガートの時間論には、先に見たようにマクタガート自身が経験する現実に対する切実さが読み取れるため、この点が補えないように思える。

それでは、人の感覚で知覚できる「第1の現実」でもなく、自然科学的に想定されたり発見されたりする「第2の現実」でもない、はたまた人の認識を超えた力としての「第3の現実」でもないような、マクタガートの想定する「現実」とはどういったものなのだろうか。

例えばそれは、人間が生物である限りあらかじめ決められている出来事で、私自身も現実として体験することが決まっている出来事で、実際に現実になったとすればやがて過去の出来事になる、その種の「現実」であるのかもしれない。また、この「現実」そのものの存在は、認識の主体となる特定の人称とも、現在という時制とも予め紐づけられていない。つまり、特定の人にだけ起こる出来事でもなく、時間の特性も変化する。未来にあったものが、現在で誰かの現実として現実化し、そして過去になり、どんどん遠ざかっていくのだから。そんな現実とは一体、どのようなものなのか。

9　死ぬことと生まれること

息子「人ってね、一〇〇才になったら死ぬんだよ」
母「え、そうなの、じゃあ息子君も一〇〇才になったら死ぬの？」
息子「そうだよ」
母「え～！　でもまだ生まれたばっかりじゃん」
息子「うん、オレ、生まれて7年」
母「せっかく産んだのに、死ぬなんて寂しすぎる」
息子「大丈夫だよ、死んでる人の方が多いんだから」
母「そうかな」
息子「そうだよ、もう二〇〇〇年もたってるし」

第4の現実は出産？

本書ではマクタガートの時間論を越えて、独自の時間論を提示することはできないが、その足掛かりとして、彼の時間論を支える「現実」観がどのように生み出されたのか解明を試みたい。マクタガートの「現実」を考えるために、先に挙げた文献から得られた「現実」の定義とのズレは以下のようなものであった。夢と対比されるものでもなく、科学的に暴かれるものでもなく、人間の言語や認識を超えて働く力でもない。ここで仮に、「現実」を「出産」に置き換えて考えてみるとどうだろうか。

出産とは、母親がその出来事の行為主体で、産まれる子は受動的主体であると通常考えられているかもしれない。「母が子を産む」、「子は母から生まれる」と表現されるためだ。しかし、出産は母親にとっても、医師や助産師にとっても大幅なコントロールができない出来事である。そしてその一方で、自分自身の身体に起きる出来事であることはほぼ決まっている出来事でもある。これは、地球への隕石の落下を観測データから予測する天文学者が、隕石の軌道自体は変えられないことと似ているが、出産の場合、身体を内側から直撃する出来事が現実化することを母親自身は待つしかない。これはひょっとするとマクタガートの現実を捉える良い事例になるかもしれない。

出産という現実は、複層構造になっているのが特徴である。第一に、「妊娠期間は約280日」や、「陣痛の感覚が狭まるほど出産が近くなる」のような統計を基準に予測される医学的レベルの事象。第二に、母が子を産む、あるいは子が母を介して生まれるという現象的レベルの事象。この二つの事象が一つの出来事として同時に進行する。手話空間の表現に引き付けていうならば、前者の医学的レベルが鳥瞰的理解で、後者の現象的レベルが等身大的理解といえる。

人間が自由であることと、全ての出来事が自然法則によって決定されていることは、両方同時に成り立つはずのないものが成り立ってしまう難問だとしたのはカントであった。これは第3アンチノミー（二律背反）として知られる。アンチノミーとは、論理的にはいずれか一方しか成り立たないが、正しい方を一つに決めるのが決め難い状態を指す。妊婦にとって、どんな出来事も自由に選び取れるならば、出産のタイミングも自分でコントロールできるはずだが、帝王切開を医師が選択しない限り、妊婦自身には決められない。とはいえ、出産に関わる一連の出来事が例えば万有引力の法則のようなもので全て決定されているかといえば現状そうでもない。破水や陣痛の始まりのタイミングやこれら出産のきっかけとなりうる出来事の順番にも個人差がある。つまり、出産において、妊婦は完全に自由の主体でもなければ、決定論的世界を生きているわけでもない。どちらも完全には成り立たないのだ。

マクタガートの時間論で登場する「現在」を、こうした複層的な現実が生じる起点と考えるならば、「現在」を通り抜ける数珠つなぎの出来事は、4次元で表される胎児のような形で解釈できるかもしれない。

出産以外の第4の現実

しかし、ここで考慮しなければならないのは、マクタガートは男性であり、出産を経験していないはずだということだ。彼の解釈者たちの多くもしかり。とすれば、出産以外の出来事で、マクタガートの「現実」は捉えられていたことになる。例えば、生物としてあらかじめ決められている出来事で、この私が現実として現在体験し、やがて過去の出来事になる、ただし女性の一部が経験する出産ではない。そうした種類の現実が、理解可能なものとして捉えられてきたことになる。

第4の現実を語るマクタガートは、母親から生まれてきた息子でもあるが、出産という出来事そのものは認識していないとすると、次に自らの身において体感できるはずの現実とは、他でもない死であろう。もしそうだとすると、マクタガートの「現在」は、この私の死が迫るその日まで開いている世界の目であると同時に、この私が不在の世界でも想定することが可能な「現在」であるのかもしれない。マクタガートは実際、『時間の非実在性』の中で、次のように「死」について言及している。

何らかの出来事、たとえばアン女王の死、を取り上げて、その特性にどのような変化が起こりうるかを考えてみよう。それが死であること、それがアン・スチュアートの死であること、それにかくかくの原因があること、それがしかじかの結果をもたらすこと、この種の特性はいずれも決して変化しない。「星々が互いをはっきり見分ける以前から」その出来事は英国女王の死であった。時間の最後の瞬間にも——時間にそういう瞬間があるとして——、その出来事はなお英国女王の死であろう。それは、ただ一点を除くあらゆる点において、等しく変化を欠いている。しかし、その一点においては、それはまさに変化するのだ。それは初めは未来の出来事であった。一瞬一瞬より近い未来の出来事となり、ついに現在となった。それから、それは過去となり、一瞬一瞬過去でありつづけながらも、一瞬一瞬より遠い過去になっていくであろう。[41]

ここでは、三人称的に「英国女王の死」として言及がされているが、真に想定されているのは、「自らの死」という出来事ではないか。この線でさらに検討を進めてみよう。

マクタガートは明言していないが、「死」という出来事は、例えば桜の開花といった自然現象や政権交代といった社会現象のような出来事とは異なり、他でもないこの私の身に起こることが予め決まっている。私の死がどのくらい以前から予め決まっているのかについては議論が分かれるところだが、少なくとも生物として生まれたならば、その主体が死ぬことが決まっていることに異を唱える人はいないだろう。加えて、その死が起きてからどれ程の時間が経ったとしても死という出来事自体は変化しない、ということも疑う余地はない。死という出来事は、予め決まっていて将来的に変わらない出来事であり、時間的な特性は次のように変化する。まだ先の未来にあったはずの死がだんだんと迫り、やがて現在になり、そしてだんだんと過去になる、というふうに。そしてそれは、私の身においても例外なく現実になる。このように考えると、マクタガートの捉えていた「現実」の核として想定されているのは、いつか訪れる「私の死」としても読みとれる。さらに、時間論に見られたあの奇妙な3点も、次のように考えれば納得できるように思える。

私の死という出来事を考える際、それが予め起こることを私は知っている。だからこそ、時間の流れる方向を私は知っているし、私の死が現実になることは神の視点では知られているし、私が死ぬ前と死んだ後の出来事は、既に起こった出来事と同様に、私以外の他者の視点で区別ができる。

一方で、こうした「私の死」を核とする第4の「現実」は、産む性である母の視点で捉え直すことも可能だ。母親は、出産という現実を経験したその日から日々成長する子と対照的に、老いを実感する主体でもある。産むことと死ぬことは自分の身に起きる類型の出来事として想像できる。この想像の過程では、マクタガートの時間論で見てきたように、死という一般化された出来事とそれにまつわる原因や結果の出来事を時間軸上に一列に並べて眺めなくとも、また、誰のものでもない現実を任意の時点に仮置きしなくともすむ。この母と子の認識の違いは、先ほど取り上げた伊勢物語に登場する業平とその母親との間で交わされた歌にも端的に表れている。

老いぬればさらぬ別れのありといへばいよいよ見まくほしき君かな
(母から息子へ：老いと同時に避けられない別れというものがあるとよく言われるのでますますその姿を見たいあなたです)

世の中にさらぬ別れのなくもがな千代もといのる人の子のため
(息子から母へ：世の中に避けられない別れなどなければ良いのに、千年も生きて欲しいと願う人の子のために)

「さらぬ別れ」とは「死」のことだが、母親の歌の「さらぬ別れ」は、やがて自らもそれを迎えることが自覚されたものである。しかし業平の歌の「さらぬ別れ」は、特定の誰かにとっての死ではなく、一般化された死のように読める。おそらく業平の母は、業平に会うことがないまま死を迎えただろうし、それもまた抗えない出来事の一つであることを受け入れたであろう。そのことを想像する時、マクタガートの時間は、死を記号化する息子の視点で構築されているように思えるのだ。死の記号化は、鳥瞰視点に立って見える数珠繋ぎの出来事の一つに自身の等身大視点を仮置きして、自分自身の現実を消し去ることと構造的に一致する。

ここで、息子的視点で「記号化された死」をマクタガートの時間論に当てはめて考えてみよう。様々な出来事を一列に並べて眺め、任意の出来事の一つを「現在」とする。その現在が仮に私の死の現実であったとしても、世界そのものは失われない。数珠繋ぎの出来事は時間軸上で並んだままだ。死という出来事は、それが未来から現在に、現在から過去へと時間的特性が変化するように、まだ死んでない主体の想定の中では感じられる。ここでマクタガートが指摘したように、その時間的特性の変化そのものを観察する時間を考えるとき、この考えは論理的に破綻するだろうか――つまり、先に見た困難1と困難2のように元の時間軸そのものを持ち出さざるを得ない悪循環か、時間軸が増殖する無限後退のいずれかに陥るだろうか。

　主体は自分の死が現実化する時点を想像している自分自身なのだから、可能性として想定された世界を流れる時間と、私自身の生きる時間は二つに分裂する。これらは同一の時間ではない。しかし時間について考える一人の主体が、時間の進む向きを想定の中で予め先取りしていることで、時間そのものを説明する際には、確かに悪循環や無限後退に陥る。

　だとすれば、マクタガート「時間の非実在性」が示したかったのは、時間概念の矛盾から時間がリアルではないことを論証することを通じて、私自身の死という現実が、リアルではない時間というフィルターを通して見える錯覚である、ということにあるのかもしれない。つまり、「遠い先に控えている死が、この私の身においてもやがて現実化し、過去のものになるだろう」というような想定を支える時間概念は、私自身が考える限り矛盾を抱えて破綻している。従って、このような時間に支えられた私の死の現実を私自身がリアルなものとして考えること自体も無意味なものなのだ、と。

　一人称の死が存在しえないことは、これまでも哲学の議論で指摘されてきた論点の一つで、マクタガートの時間論の根底にこの論点を見出すことは、それほど新奇なことではないかもしれない。しかし、本書ではここでもう一度、産む性の視点から、一人称の死と時間の矛盾がもつ意味を合わせて考えなおしてみたい。

10　誰かの出産と私の出産、そして死

母　「猫の世話って人間の赤ちゃんの世話よりずっと楽でいいよ」
息子　「え、人間の赤ちゃんってオレが赤ちゃんの時のこと？」
母　「そうだよ、一人で寝られないし、トイレも行けないしマジ大変だったよ」
息子　「でもお母ちゃんだって赤ちゃんだったんだから、大変だったはずだよ」
母　「そんなの知らないから、お母ちゃんのお母ちゃんに聞いてよ」
息子　「そんなこと言ったらお母ちゃんのお母ちゃんが大変だったことはそのまたお母ちゃんに聞かないとわからないから、結局一番最初のお母ちゃんに聞かないとわかんないじゃん」
母　「あはは、確かに（無限後退みたい）」
息子　「だからそんなの言っちゃ駄目なんだよ」

出産の類型としての死

ここで産む性の視点を使って、再度ここまでの問題を考え直してみよう。「遠い先に控えている出産が、この私の身においてもやがて現実化し、過去のものになるだろう」は、実際に現実に私の身に起きた出来事である。出産という出来事の時間特性が未来から現在、現在から過去へと変化していく捉え方を支えているのは、それ自体と同じ時間軸でも、無限に増殖する時間軸でもない。世界人口の累計は約1080億人であると言われており、このことから、これまで女性たちの経験した出産という出来事は1080億回以上あったことになる。そうした出来事の一部の集合は、平均や分散を算出する母集団となり、出産にまつわるあらゆる事態の確率を導き出す際に医学的に参照される。また女性たち自身が自身の出産体験を振り返って語る談話集にもなり、妊婦が自分の身に起こることを想像する際にも参照される。ある妊婦が体験する出産は、医学的・経験的事例を一連の出来事として抽象化し、その上に彼女自身の「現在」を重ね合わせることで、出産の時間特性が未来から過去へと変化する、と言えるかもしれない。

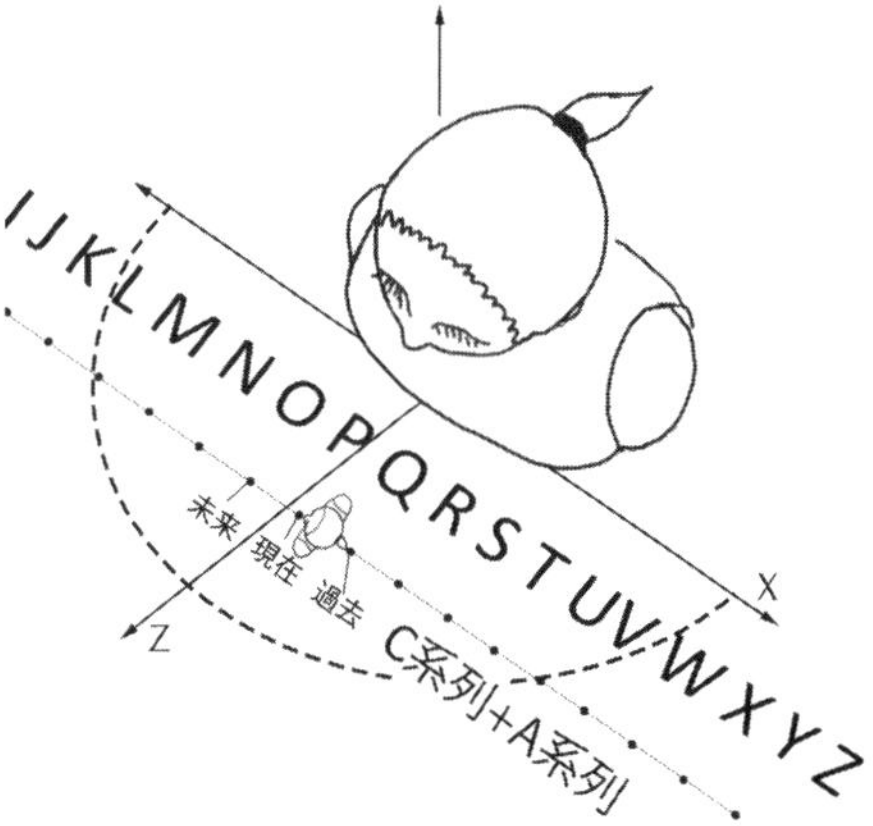

図６（再掲）

第２部で、マクタガートの時間論を手話で検証した際、奇妙な前提として下記の３点を指摘した。視点の主体を示す図とともに、出産という出来事に当てはめて振り返ってみよう。

(1)その主体は、すでに時間が流れる方向を知っている。

(2)その主体は、一連の出来事がこれから現実化していく様子を眺めることができる。

(3)その主体は、全ての出来事について既に起こった過去の出来事と同じように順番を区別することができる。

マクタガートの区別に引き付けると、出産という出来事の時間特性の変化を支える時間は、私自身が生きるA系列としての時間ではなく、過去の女性たちが体験した、出産に関わる一連の出来事として抽象化されたC系列とも言える。出産に至るある女性の一連の出来事は、これまで体験されてきた他の女性達の出産事例を重ね合わせることで、医学的にも経験的にも前後関係の区別が可能になる。つまり、B系列の区別もできるようになる。このため、出産という出来事において、右に示した三つの奇妙な点は、常識的に理解可能になる。すなわち、過去の女性たちの体験の平均的な事例集であるC系列と私が生きることの時間（A系列）を重ね合わせて、前後関係（B系列）を判断することは、出産を経験する女性たちの多くは特に違和感なく行っているのかもしれない。妊娠期間を通じて「私は今どの段階にいるか」常に向き合う状況に置かれるためだ。

さらに、産後においては、子は身体が変化し、成長する。文字通り、時々刻々と。母親が子を産んだその日から、目の前で大きく変化する子を目の当たりにすることで、相対的に出産という出来事が過去にどんどん遠のいていくように思える。著者とその周りの母親たちの体験によると、産後は世界の見え方が変化し、微視的に色々なものが見え、出来事として認識する数が増える。やがて、数分前の記憶が一部失われ、出産という出来事が過去に過ぎ去るスピードが加速するように感じられる。産後の女性の目を基準とした、時間の相対性理論も成立するように思われるほどだ。

さてこのような産後の女性の目から、「死」の問題を考える時、自分では抗えない出産という出来事が、子の成長と相対的に後ろに（過去に）過ぎ去るように感じている女性は、自らの「死」も同様に抗うことはできないものとして理解するかもしれない。まさに業平の母のように。また、その自らの死の時間特性の変化——すなわち、未来だった私の死は現在になり、やがて過去になるだろう——を支えるのは、第三者の死という出来事の事例集であることを出産の類型の問題として想像するかもしれない。

男性の視点から「産み」の哲学の形を模索している居永正宏は、「私が産む存在であるということから見えてくる死の把握というものがあるのではないか」[42]と述べており、この極めて貴重な洞察はこの想定を支える。

ここで、マクタガートのA・B・C系列に準じて、死を出産の類型として理解する過程を分解すると、次のようになる。

(ア)誰かの現実としての死までに至る出来事が、順番に並んで記憶され、抽象化されてC系列となる。

(イ)特定の誰かの現実としての死の出来事を思い出す時、私の現実としての現在を重ね(A系列)、生前、死、死後が区別され、B系列となる。

(ウ)私の死をC系列に重ねて現在時点で眺める時、未来だった私の死が現在になり、やがて過去になるだろう、ということを想像する。

(ウ)では「現在」が二重に使われているが、第1の現在は、私の現実に紐付けられた現在である。第2の現在は、人一般の死の出来事の連なりとして抽象的に理解されたC系列を基準にして、「仮にそのうちの死という出来事が私の現在であったならば」、と反実仮想的に考えられた現在である。現実空間の現在と心の中の仮想空間の現在は区別される。先に息子視点で考えた死の理解とここでの違いは、仮想空間での現在が、出産との類型として現実味《リアリティ》をもって理解できることだ。さらに、マクタガートの時間論を手話空間で検討した際に指摘した次の3つの奇妙な点も、「全ての出来事」を出産の類型としての死に関わる出来事として捉え直すと、納得できるものになる。この主体は、(1)出産とその類型としての死に関わる一連の出来事がどの順番で起こるのかを知っているし、(2)死が私の身にも起こることを現在の視点で予期しているし、(3)死に関わる出来事を出産の類型として理解すれば、過去の出来事（他人が経験した出来事の事例集）と同じようにそれらの出来事の順番を区別することができるからだ。

(1)その主体は、すでに時間が流れる方向を知っている。
(2)その主体は、一連の出来事がこれから現実化していく様子を眺めることができる。
(3)その主体は、全ての出来事（出産の類型として理解する死に関する出来事）について既に起こった過去の出来事と同じように順番を区別することができる。

第5章では「時間に関する文法を獲得することが、時間のあり方そのものと切り離せない関係にある。こうしたことから、時間が現実にどう存在しているのかを明らかにすることは、物理学だけでなく、哲学の問題としても引き継がれてきた」と述べた。子ども達が最初に学校で習う算数や理科で前提とされている時間の物理学的理解を最初に広めたのは、いかなる場所でも一様に流れる絶対時間を定義したニュートンであるかもしれない。しかし、学校で習うより前に時間の文法に触れるのは、出産を経験して間もない母親かその身近にいた父親の口からであり、そうした親の時間の把握を支えているのは、ニュートン的な時間だけでなく、過去の出産事例に重ね合わせた自身の出産と類型的に理解された死の観念であるかもしれないのだ。

また、続けて次のように考えてみることもできる。このような産む性の視点で理解された出産の類型としての死は、出来事一般の時間特性の変化として言語化され、子どもたちに徐々に受け継がれた後、20世紀初頭に、哲学者マクタガートによって時間の非実在性という形で反論された、と。

マクタガートが用いた「星々が互いをはっきり見分ける以前からその出来事はアン女王の死であった」という表現は、19世紀末から20世紀初頭に英国で活躍した詩人キップリングの作品からの引用と思われるが、キップリングの詩の世界観とマクタガートの「運命づけられた死」の捉え方は重なっている。キップリングの原詩である「回答」では、引き裂かれた一本の薔薇が神に向かって泣いて助けを求める。その薔薇だけが突風にへし折られた、と。神は答える。「星々が互いをはっきり見分ける以前から、時間、潮、空間、そして私たちは汝が倒れ、尋ねてくるこのことに運命づけられていた」と。[43]

マクタガートはその時間論の中で、明示的には記していないが、息子の視点でこう母親に問いかけているようにも読めるのだ。「お母さんの言っている時間には二重性があるよ。この今を過去と未来から分ける時間と、運命付けられた出来事を上から眺める時間とね。でもそんな分裂した形で時間が存在していることはありえないから、時間なんて本当は存在しないんだよ。それでね、もしそうだとすればね、僕の死だって本当は存在しないんだよ。だってその死を支える時間は実在しないのだから」と。

産む性の視点を使って辿り着いたこの解釈であれば、「誰かにとっての現実ではない現在という記号」は理解できるものになる。時間は、産むことの現実から想像される死ぬことの理解の中で母の現実に実在し、死という出来事の理解の過程で、子の現実に非実在化するともいえよう。

マクタガートよ、矛盾した時間はいつどんな形で実在するのかという問いに対して、母

が生と死を考える心の中に、と一応は答えられそうです。でもひょっとしたら、世界中に存在する親子が、生と死について対話するその瞬間にも、互いに交わらない形で実在しているのかもしれません。

37——永井均訳『時間の非実在性』四三頁。

38——在原業平と恬子内親王の贈答歌に関する時代背景と解釈については、鈴木(2018, pp.127-130)を参考にした。

39——ロヴェッリ(2019, pp.35-37)。

40——入不二(2020, pp.38-39)を参照。

41——永井均訳『時間の非実在性』二三-二四頁。

42——居永(2015, p.122)。

43——マクタガートが引用しているキップリングの詩は"The Answer"(Kipling, 1892)であると考えられる。

文献一覧

第1部

1

・アリストテレス『動物誌』島崎三郎訳、岩波文庫、一九九八年
・アリストテレス『形而上学』岩崎勉訳、講談社学術文庫、一九九四年
・アリストテレス『霊魂論』『アリストテレス全集 6』山本光雄訳、岩波書店、一九六八年
・アリストテレス『感覚と感覚されるものについて』『アリストテレス全集 6』副島民雄訳、岩波書店、一九六八年
・アリストテレス『ニコマコス倫理学（上）』高田三郎訳、岩波文庫、一九七一年
・加藤信朗『ギリシア哲学史』東京大学出版会、一九九六年
・フェルディナン・ベルティエ「ろう者――ド・レペ神父以前以後」『聾の経験 18世紀における手話の発見』ハーランレイン著、石村多門訳、東京電気大学出版局、二〇〇〇年
・田中紗織（2001).『障害と道徳――身体環境への配慮――』千葉大学大学院文学研究科

修士論文
・田中さをり (2017a).「音象徴と図像性　日本におけるヴントの手話学説曲解の歴史」『現代生命学研究』第6号、一一一九頁
・田中さをり (2017b).「哲学史の中の聾者と手話 アリストテレスとヴントの視点から」『手話学研究』第26巻、一一一二四頁
・DeLand, F. (1931). The History of Lip-Reading: Its Genesis and Development, The Volta Bureau.
・Lynn, R. (2006). Deaf and Dumb in Ancient Greece, In: Lennard Davis (eds.), The Disability Studies Reader, 17-32. News York: Routledge.
・Lampropoulou, V. (1994).The History of Deaf Education in Greece, in “The Deaf Way: Perspectives from the International Conference on Deaf Culture” , Gallaudet University Press.
・McGann, J. B. (1888). The deaf mute schools of Canada: A history of their development with an account of the deaf mute institutions of the Dominion, and a

description of all known finger and sign alphabets. Toronto: C. J. Howe.

2

・市田泰弘 (2005a).「手話の言語学(1) 自然言語としての手話」『月刊言語』第34巻第1号、九〇－九七頁、大修館書店

・岡本稲丸『近代盲聾教育の成立と発展——古河太四郎の生涯から』NHK出版、一九九七年

・上農正剛「聴覚障害児教育における言語資本と生命倫理」九州保健福祉大学研究紀要 6、八一－八七頁、二〇〇五年

3

・プラトン『プラトン全集2 クラテュロス、テアイテトス』水地宗明、田中美知太郎訳、岩波書店、一九七四年

・ライプニッツ『ライプニッツ著作集5 認識論 人間知性新論 下』下村寅太郎他監修、谷

川多佳子他訳、工作舎、一九九五年
・ライプニッツ『ライプニッツの国語論――ドイツ語改良への提言』高田博行、渡辺学編訳、法政大学出版局、二〇〇六年
・Wundt, W. (1900). Völkerpsychologie: Eine Untersuchung der Entwicklungsgesetze von Sprache, Mythus und Sitte, vol.1. die Sprache, Leipzig: Engelmann. [第1巻第2章の邦訳：『身振り語の心理』中野善達 監訳、福村出版、一九八五年]
・Emmorey, K. eds. (2003). Perspectives on Classier Constructions in Sign Languages. NJ: Lawrence Erlbaum.

4

・Wundt, W. (1900). Völkerpsychologie: Eine Untersuchung der Entwicklungsgesetze von Sprache, Mythus und Sitte, vol.1. die Sprache, Leipzig: Engelmann. [第1巻第2章の邦訳：『身振り語の心理』中野善達監訳、福村出版、一九八五年]
・川本宇之介『聾教育精説』信楽会、一九四〇年

・川本宇之介「聾者及び盲人の言語教育」『国語文化講座 第3巻 国語 教育篇』桜木俊晃、二六九―二九〇頁、朝日出版社、一九四一年
・本多創史「生誕する「聾者」：新たな身体と精神のその創出過程」『〈身体〉は何を語るのか』見田宗介ら編、新世社、二〇〇三年
・垣内松三『国語表現学概説』国語教育科学：独立講座 第8巻、文学社、一九三四年
・齋藤くるみ『少数言語としての手話』東京大学出版会、二〇〇七年
・米川明彦『手話ということば：もう一つの日本の言語』ＰＨＰ研究所、二〇〇二年

第2部

5

・McTaggart, J. E. (1908). "The Unreality of Time", Mind 17: 457–73; reprinted in J. M. E. McTaggart, The Nature of Existence, Vol. 2, 1927, Cambridge: Cambridge University Press: Book 5, Chapter 33.〔ジョン・エリス・マクタガート著、永井均訳・注解と論評『時間の非実在性』講談社学術文庫、二〇一七年、一六一－五八頁〕

6

・市田泰弘（2005b）.「手話の言語学⑹ 空間の文法―日本手話の文法⑵「代名詞と動詞の一致」」『月刊言語』第34巻第6号、九〇－九八頁、大修館書店

・Fauconnier, G. (1985). Mental Spaces: Aspects of Meaning Construction in Natural Language, MIT Press.［『メンタル・スペース――自然言語理解の認知インターフェイス』坂原茂ら翻訳、白水社、一九九六年］

・Emmorey, K., Tversky, T. & Taylor, H.A. (2000). "Using space to describe space: Perspective in speech, sign, and gesture", Spatial Cognition and Computation 2: 157–180,Kluwer Academic Publishers.

・Liddell, S. K. (1995). "Real, Surrogate, and Token Space: Grammatical Consequences in ASL", In K. Emmorey& J. S. Reilly (Eds.), Language, Gesture, and Space, pp. 19-41. Hillsdale, NJ, US: Lawrence Erlbaum Associates, Inc.

7

・青山拓央「時制的変化は定義可能か：マクタガートの洞察と失敗」科学哲学、37巻、第2号、五九－七〇頁、二〇〇四年

・中山康雄『時間論の構築』勁草書房、二〇〇三年

・ジャック・デリダ『有限責任会社』高橋哲哉・宮崎裕助・増田一夫訳、法政大学出版、二〇〇三年

・熊谷高幸『日本語は映像的である：心理学から見えてくる日本語のしくみ』新曜社、二〇一一年

第3部

8

・鈴木宏子『「古今和歌集」の想像力』NHK出版、二〇一八年

・カルロ・ロヴェッリ『すごい物理学講義』竹内薫監訳、栗原俊秀訳、河出文庫、二〇一九年

・入不二基義『現実性の問題』筑摩書房、二〇二〇年

10

・居永正宏（2015）.「フェミニスト現象学における「産み」をめぐって：男性学的「産み」論の可能性」女性学研究22、九九－一二六頁

・Kipling, J. R. (1892). "The Answer," published in Century Magazine, the Century Company. [キップリングの詩の原文は以下で読むことができる。https://www.poetryloverspage.com/poets/kipling/answer.html]

解説　手話から見えてくる時間の流れと出産

森岡正博

これはユニークな本である。そもそも手話についての哲学の本が珍しいだけでなく、手話から開けてくる世界把握を、時間の流れや、出産の哲学にまで結びつけるというのはたぶん世界でも初めての試みなのではないだろうか。田中さんはこの新しい地平を、全力で行けるところまで走り切っている。あちこちに議論の不十分なところがあるような気はするけれども、それよりも読んでいて浴びせられる刺激のほうが上回る。

田中さんは、哲学の世界では知る人ぞ知る存在である。二〇一一年から、〝高校生からの哲学雑誌『哲楽』〟を刊行し、現代日本の哲学者たちへのインタビューを行ない、若者たちの哲学対話をサポートしてきた。『哲学者に会いにゆこう』全2巻（ナカニシヤ出版）は、それらの活動から生まれたチャーミングな本である。私は二〇一五年に田中さんとお会いして、その後「現代哲学ラボ」という公開の研究会を共同世話人として運営した（その成果は明石書店より「現代哲学ラボ・シリーズ」として刊行中である）。

田中さんから、手話の受容史についての研究をしているとお聞きしたのは、たぶん二〇一六年頃だったと思う。その内容は「音象徴と図像性──日本におけるヴントの手話学説曲解の歴史」として『現代生命哲学研究』第6号（二〇一七年）に掲載された。これは本書の第3章と第4章となった。その後、マクタガートの時間論に挑戦しているとのお話を伺っていたが、それが今回、一気に結実したわけである。

手話は、耳の聞こえない（あるいは聞こえにくい）人々によって使用されてきた。それはひとつの言語文化として古来より受け継がれてきている。田中さんも指摘するように、古代ギリシアの哲学者アリストテレスは、人間の知性にとって聴覚は決定的に重要だと考えており、西洋における聴覚障害者への差別的視線がここから生まれたとも言える。この流れは日本の障害児教育にも持ち込まれ、手話ができるよりも口でしゃべれることのほうが人間の知性にとって大事、という考え方が作られた。その過程で、手話についての哲学者ヴントの学説が歪められて日本に受容されていく。このあたりは本書の読みどころのひとつなのだが、とくに私が驚いたのは、日本の国家ナショナリズムとの接点を田中さんが指摘していることである。

太平洋戦争開戦の年に刊行された書籍で、聴覚障害児が「君が代」を斉唱することの素晴らしさが指摘され、よって聴覚障害児には手話教育よりも口話教育のほうが大事であると主張されたのである。田中さんによる引用部分から紹介すると、「見よ、たとひ不完全とは言え、聾児が君が代を奉唱し、天長節その他の式日唱歌をうたひ得ることによって、如何にその喜びを感じ、如何に皇国の民たることの自覚を促し得るのかを」。

君が代を声に出して歌うことによって、国民が同じ感情を共有することができ、一致団結する。その国民へと聴覚障害児もまた統合されなければならず、そのためには手話教育よりも口話教育のほうが大事であるとされたのである。このようないきさつが過去にあったことを私はまったく何も知らなかった。この箇所は、私の感情を揺さぶる。話はちょっとずれるかもしれないが記しておくと、国旗掲揚・国歌斉唱のときに「ご起立ください」と言われても私は起立しない。日本国は君の国ではなく民の国なのでその歌詞に敬意を払いたくないからである。当然、国歌は斉唱しない。田中さんも指摘するように、歌を歌うというのは、その歌詞にこめられた感情や情念をあたかもみずからのものとして再演することである。君が代を斉唱するということは、日本国は天皇の国であり人民の国ではないという感情を、まさに身体の底から自発的に息に乗せて公共空間へと発出することである。それをその場にいる全員に強制する命令に私は従わない。斉唱の強制は、内面的な感情や情念の強制であり、公共団体は個人の内面に介入すべきではないからである。もちろん国歌起立斉唱強制は多大な不利益を私にもたらすものである。スポーツの国際試合の観戦に非常に行きづらいし、公共団体の長などにはぜったいになれないじゃないか。

というようなナショナリズムの政治文脈に、日本の聴覚障害者たちはずっと置かれてきたということが、田中さんの文章を読んでよく分かった。この論点を、さらに障害者とナショナリズムの関係一般にまで広げて研究してみるのも面白いのではないか。

さて、本書のメインの話題である時間論を見てみよう。

英語圏の時間の哲学では、マクタガートの時間論がよく議論される。マクタガートの言う「A系列」「B系列」「C系列」については本書の記述や他の入門書を見ていただくとして、ここでは田中さんの提唱する手話空間の時間論を考えてみたい。

手話空間（メンタルスペース）には、「鳥瞰視点空間」と「等身大視点空間」の二つがあると田中さんは言う。「鳥瞰視点空間」とは、ちょうど空を飛ぶ鳥が地上を眺め下ろしているような感じのもので、時間は歴史年表を見るときのように各時点が直線的に一列に並んで見えるのである。これに対して「等身大視点空間」とは、まず私というかけがえのない当事者がここにいて、その私の目の前にあなたというもうひとりの当事者が見えているという感じのものである。このとき、まさに時間は目の前でありありと流れているように感じられ、未来のことは現在となり、現在のことは過去になる、というふうな把握がなされる。

そして手話を使ってしゃべるときには、この二つの異なった空間が区別されていて、話者はこの二つの空間のあいだを自覚的に行ったり来たりしながらしゃべるのである。この二つの空間の区分はたいへん興味深い。そしてこの手話空間の視点から見てみれば、マクタガートの時間論ではこの二つの空間の区別がそもそもなされていないため、時間が進む向きを先取りして理解している主体がマクタガートによって恣意的に想定されている、というのが田中さんによるマクタガート批判の骨子である。

田中さんは、この二つの空間の違いを説明するために、双子の出産の例と世界大戦の例を用いている。たとえば、双子を妊娠中の女性が、どちらの性別の赤ちゃんが先に生まれるか想像している状況のときには、等身大視点空間が使われる。田中さんによれば、生まれたばかりの女の子の赤ちゃんと男の子の赤ちゃんが話者の目の前にいるかのようにそれぞれに視線が向けられて、「女の子が先に生まれて、その後で男の子が生まれるのかな？」と手話で表現される。あたかもいまここに双子の赤ちゃんがいるというふうな想定が話者と受け手にも共有され、そのうえで発話が行なわれるのである。この場合、このような発話当事者を中心に広がる等身大の空間が、時間のありありとした流れを支えるのであろう。

これに対して、第一次世界大戦と第二次世界大戦のどちらが前に起きたかについて手話でしゃべるときには、真上から見下ろすような感じで、それら二つの戦争の点が、目前の任意の二カ所の位置LとRに指さされ、そして第一次世界大戦Lのほうが「前に起きた」と手話で表される。これは典型的な鳥瞰視点空間である。もしこのときに等身大視点空間を使うとしたら、それは第一次世界大戦を実際に経験したであろう人物と、第二次世界大戦を実際に経験したであろう人物に話者自身が成り代わって語ることになるだろう。ところが双子の出産の例の場合、鳥瞰視点空間を用いて、話者の目前の任意の2箇所を指す形で「女の子が生まれる時点L、男の子が生まれる時点R、Lの方が前だと思う」と表現するのはやや不自然になる。なぜなら、未来の不確定な出来事についての前後関係を鳥瞰視点で表現することは不自然だからだ。

田中さんによるこの箇所の説明を読んで、私はなるほどなあと思った。手話がこのようなダイナミズムをもって使用されていることを、私は知らなかったからだ。もちろん、聴者たちがしゃべるときでも、このような二つの世界のあいだの行き来は行なわれているように思える。だが、その二つの世界の境界線はあいまいであるし、自覚されているわけでもない。手話の世界でなされていることを基準として、発声言語の世界でなされていることを分析してみたら、もっとたくさんの興味深い発見があるのではないか。ここには言語哲学の新領域が潜んでいる。と同時に、これらのことは、たとえば日本語の発声言語と中国語の発声言語のあいだでも起きていると考えられる。となると、言語学におけるサピア＝ウォーフ仮説（人の認識や思考は、その人が使っている言語によって影響されるとする仮説）の内部にこの話題は取り込まれるということなのか、それともそうではなくて、発声言語と手話言語のあいだには二つの発声言語間以上の深い溝があるということなのか。今後の研究が待たれる。

さてここから田中さんの議論は核心部分へと入っていく。

田中さんは、マクタガートの議論のなかに、「私の現実の現在」についての描写が含まれていることに注目する。マクタガートは「私のこの論文の執筆［という出来事］が、過去である、現在である、未来である……」と書いている。ここでは明らかにマクタガート自身の「生きる時間」の解明が考えられており、ここにマクタガートの「切実さ」が読み取れると田中さんは指摘する。

さらに田中さんは、マクタガートが「アン女王の死」を取り上げて議論する箇所に着目し、マクタガートがここで真に想定していたのは「自らの死」という出来事ではなかったかと推察する。そして、マクタガートが捉えていた「現実」の核心にあるものは、「いつか訪れる「私の死」」なのかもしれないと田中さんは言うのである。ハイデガーの『存在と時間』を彷彿とさせる。田中さんによれば、マクタガートが真に主張したかったのは、時間がリアルなものではないと論証することによって、「私の死の現実を私自身がリアルなものとして考えること自体も無意味なものなのだ」と示すことである。マクタガートの時間論は、単なる論理パズルを解いているのではなく、「私自身の死が実在する」という観念に取り憑かれがちな人間の思考そのものの解体を目指していたというわけなのだ。田中さんは次のようにも言い換える。「時間なんて本当は存在しないんだよ。それでね、もしそうだとすればね、僕の死だって本当は存在しないんだよ。だってその死を支える時間は実在しないのだから」。私はマクタガート哲学の研究者ではないから分からないが、この解釈はとても新しいのではないだろうか。

田中さんのこの議論は、実は彼女自身の出産の経験からヒントを得たものである。出産においては、母親はみずからの出産のプロセスをコントロールすることができない。「出産の場合、身体を内側から直撃する出来事が現実化することを母親自身は待つしかない」。「出産において、妊婦は完全に自由の主体でもなければ、決定論的世界を生きているわけでもない」。これが出産という経験のリアルである。さらに母親は、「過去の女性たちが体験した、出産に関わる一連の出来事の繋がり」を参照可能な知識として自分に当てはめ、「私は今どの段階にいるか」と常に向き合うこととなる。ここにおいて、「私」と「子ども」、「私の出産」と「他の誰かの出産」という視点が重なり合う。そして産後においては、出産という出来事がどんどん遠のいていき、子どもの成長とともに、今度は自分に迫ってくる死についても同様に「抗うことはできない」ものと理解するようになる。

田中さんは、出産を経験した親が子どもに時間の概念を伝達するという場面に着目し、時間に関する矛盾が一般的にどのように引き起こされたのかについて新しい解釈を提示している。これは魅惑に満ちた試みであろう。

そのうえで私が思ったのは、本書ではこの出産と時間概念という論点についていささか隔靴掻痒な部分が残ったということだ。私は出産経験からの視点が重要ではないと言っているわけではない。私自身、「「産み」の概念についての哲学的考察」という論文を二〇一四年に刊行しており、出産について哲学は正面から取り組むべきであるとかねてより主張してきた。本書でも言及されている居永正宏とも議論を行なってきた。今後も出産については哲学的考察を続けていくつもりである。ポイントはそこではなくて、田中さんが出産という論点を時間論に適用するときに、なにか大事な点のひとつを見逃しているのではないかという点である。もちろん私は男性であるから、妊娠出産の経験をすることは生物学的にできない。したがって私は田中さんが本書で主張している本質的な部分をまったく理解できていないのかもしれない。出産の哲学は女性によってのみ正しく遂行できるのかもしれない。これらは否定できない。そのうえで、以下のようなことを考えたので、本書の解説からは離れてしまうが、述べてみたい。

出産する私から見たときに、妊娠出産のもっとも大きな哲学的な特徴は、妊娠出産によって私以外のもうひとりの主体つまり子どもが、私の中から出現してくることである。そのもうひとりの主体の姿は、最初は私によって感じ取られることはない。そのうちに、様々なサインを通してその姿がおぼろげに感じ取られはじめる。試薬や超音波などによって科学的な情報が与えられると、その新たな主体に対する感受性は増していくだろう。そしてそのうちに、その新たな主体は有無を言わせぬやり方で自分の存在を主張し始める。田中さんが書くように、ここから先はもう私がその存在をコントロールすることはできなくなる。そしてその主体は産道をとおって外界へと出てくる。物理的に私の身体から切り離され、別個の肉体存在として人生をスタートするのである。この一連のプロセスを通して、私の身体は胎内の子どもの存在によって一方的に変容させられる。乳房は大きくなり、体型は変化する。ホルモンの分泌状況が変わって、精神的な変化が起きる。プロセス全体を考えると、最初は何かほんの少しのサインのようなものが出現する。そしてそれはだんだんと存在感を増し、私の中にもうひとりの主体が出現したことを自己主張しはじめる。そして出産を経てその主体は肉体的に別個の存在として外界に出現する。そしてその生まれた子どもがもし女の子であれば、その女の子が大人に成長したのちにその胎内にさらに子どもが宿り、妊娠出産へと進むこともあり得る。

ここに見られるような、主体の産出それ自体が主体の体内で生起するということ、そしてこのような主体の産出が入れ子状になって延々と将来に向けて続けられる可能性があるということ、これこそが出産の持つ根本的な哲学的特徴だと私は考えている。出産とは非常に不思議な出来事である。キリスト教とくにヴァチカン的に考えれば、受精卵が形成されたときに魂が受精卵へと外部から吹き込まれるのであり、受精の時点で純粋な意味での主体の産出があるわけではない。主体は魂の形で、受精以前から存在していたはずである。これは旧約聖書で神が土で人型を作ってその鼻へと息を吹き込んで人間を作ったという神話と同型であり、その場合も人間の魂は神の息としてすでに存在していたのである。脱宗教化した現代哲学ではどう考えるかというと、受精卵の成長過程のどの瞬間に主体が誕生するのかという厳密な線引きをすることはできないとする。いくつかの主体の誕生の時期の候補が並立するのみであり、確実に言えるのは、出生後の数年までのあいだにその子どもは主体となっているであろうということだけである。以上のような世界観においては、主体の体内から別の主体が産出されるという出産の哲学的側面の意義が見落とされていると言ってよい。

そこで私が思うのは、もし時間論に出産という観点から切り込むのだとしたら、主体の体内から別の主体が産出されるという出産の哲学的側面によって時間論にどのような新しい地平が切り開かれるのかという点にこそ全力が注ぎ込まれなくてはならないということである。ひとつ言えそうなことは、女性から女性へと果てしなくつながっていく出産の連鎖のラインにおいて、女性が内的に生きる時間軸が、その女性の内側から生まれてくる新しい主体によってたえず若返っていくということである。たとえば三〇歳の時に妊娠出産するとした場合、母親となる女性の内側から三〇年若返った主体が産出される。このようにして、たえず内側から巻き戻され続ける時間の流れという概念が成立するのかもしれない。田中さんは出産の対極として「私自身の死」をイメージしている。これは、たえず巻き戻され続ける時間の本流から枝分かれして無へと消え去っていく支流として理解できるのかもしれない。

もちろん生物学的男性においても、自分の子どもが生まれるときに時間の巻き戻しの感覚を持つことはできるだろう。しかしながら、自分という主体の体内においてその巻き戻しの結果である新たな主体が徐々に出現し、私の身体を強制的に変容させながら成長するというプロセスを男性は経験することができない。出産においては、男性は田中さんの言う鳥瞰視点空間によって主体の産出を経験することができるのみであり、けっして等身大視点空間によって主体の産出を経験することはできないのである。このあたりに出産をめぐる哲学のジェンダー問題が凝縮されており、この点はさらに哲学一般の構造にまで広がっているはずである。（出産を経験していない女性はこの点で男性と同じ位置にあるのか、という疑問が起きるであろう。これに対しては、たとえば辛い月経の経験、性交のたびに胎内に子どもを宿すかもしれないと感じる経験などにおいて、彼女たちは男性とはまったく異なる身体経験を持っているのではないかと私は推測する。さらにＬＧＢＴＱ＋

の人々ではどうかなどの論点がある。これまでの私の文章もまた女性の身体経験がないがゆえの偏向したオリエンタリズムに満ちている危険性もあるので慎重な点検が必要である。これらの点については共同研究が必須であろう)。

さらに考えれば、女性たちによる妊娠出産の果てしない連続のラインに即する場合、時間の基本進行モードは過去から未来へと一直線に進む単線的なものではなく、たえず新しい主体が何度も誕生するという円環的なものにシフトしていくとも考えられる。円環的な時間構造は、マクタガートの時間論に欠如しているものである。円環的な時間構造をもっとも大きな次元で表わしているのは四季の巡りであり、もっとも小さな次元で表わしているのは日々の就寝と起床である。出産と死という生命の基本に立ち返るとき、それにもっとも適合的な時間の流れは日々の就寝と起床、および四季の巡り、そして同じ事象が何度も装いを新たに繰り返し起きてくる人類の歴史である。もちろん単線的な変化、不可逆的な移り変わり、始点と終点はあり得るのだが、それらを支えているのは大小の円環的な時間構造だと考えてもよいのではないか。

さらには、時間が流れるということそれ自体を、ひとつの出産として捉えることもできそうに思う。時間が流れるとは、いまあるものの内部から、いまないものが出現することであり、そのような出来事がひたすら続いて起きることである。この、いまあるものの内部から、いまないものが出現するというのは、まさに出産そのものではないか。マクタガートや多くの哲学者たちは、未来が現在になり、現在が過去になるというふうにして時間の流れを考えたが、それだけが解答ではないだろう。私という主体を包み込んでいる全宇宙が、新たな全宇宙を出産し続けていく果てしないプロセスとして時間の流れを捉えてみることもできるはずだ。これは存在が別の存在に変化するという意味での単なる生成ではない。ある存在の内部から別の存在が生まれ出るのである。そしてそれがずっと続いていくのである。全宇宙が全宇宙を出産するのであるから、そこにおいては出産するものと出産されるもののあいだの区別はあいまいになる。境界のあいまいさというのは、出産の根本的な特徴のひとつである。宇宙の場合はその外部がないのだから、宇宙の自己出産に近い。これはたしかに人間の女性の出産とは異なる。しかしひとつの出産の形としてはあり得るだろう。

私はまじめにこのようなことを考えているのだが、田中さんの本書はこのような奇妙なアイデアを生み出す新鮮なパワーを持ったものである。読者のみなさんも田中さんの思考からいろんなものを引き出されて、夜も寝られぬようになるに違いない。

（早稲田大学教授・哲学）

おわりに

これまで哲学分野で暗黙の前提とされてきた人間像は、「男性」であり、かつ「音声言語話者」であると感じられる場面は、著者個人の体験上、決して少なくなかった。しかし同時に、西洋哲学が普遍への歩みとすれば、個への眼差しを広く共有できるよう個々の存在や文化を包摂する方向で、日本の哲学が貢献できる可能性もあるようにも思えた。西洋哲学の圏域から見れば、日本は辺境であることに変わりはないのだから。今回、本書を一般書として読者諸氏に届けられる願ってもない機会を頂き、手話の世界から見た哲学と聾教育の歴史や、マクタガートの時間論についての新しい分析手法についてガイドしてきた。また、哲学のもう一つの限界である男性視点を拡張するため、「産む性」の視点から時間の観念を支える死の理解についても再考した。手話と産む性の空間的な理解から、マクタガートの時間論で埋没したままになっていた「誰かにとっての現実ではない現在という記号」の謎について、新しい地平で解体できたのではないかと思う。

本書の主な考察は、著者自身が出産から育児を経験し、哲学者へのインタビューを続けた時間の中で進んだ。育児は子によって自分自身の意識や注意が支配されることの連続であり、「私は」という主語で書き始めることすらままならず、執筆は自ずと中断された。しかし、子との対話の記録や、哲学者へのインタビュー、対話イベント「現代哲学ラボ」の運営を続けたことが糧となった。特にマクタガートの時間論については、「現代哲学ラボ」の世話人・賛同人である森岡正博・入不二基義・永井均の三氏から草稿に対する貴重なコメントを得て、議論を前に進めることができた。高山守氏の主宰する「手話哲学の会」の参加者からも前向きな助言を頂いた。手話言語の認知／言語発達が専門の中野聡子氏には、本書の草稿を通読頂き、ろう者の視点と専門的見地から話が通じにくい箇所を指摘して頂いた。聾教育学が専門の金澤貴之氏には、本書の元となる論文執筆の機会を頂いたとともに、本書の草稿で著者の教育制度についての理解不足を正して頂いた。著者の手話研究にかつて協力して下さったろう者やＣＯＤＡ（ろう者を親にもつ人々）の友人たちの存在も励みになった。何より、本書を一般向けに世に出すことは、明石書店の柴村登治氏の助けがなければ実現しなかった。柴村氏は最初の読者として、本書をより良いものにすべく力を尽くして下さった。関係者の皆様に深く感謝申し上げます。

いうまでもなく、著者は手話を生活言語として使う人々を代表する者でも、産む性を代表する者でもない。本書に誤った理解があればその責任は著者個人に帰属する。それでもなお、本書を通して、読者自身が「手話の哲学」を始めることを後押しできたなら、あるいは既に存在する「手話の哲学」にこれから光を当てられたなら、そしてまた、産む性の視点から語られる哲学の語彙が増えたなら、これ以上の喜びはない。規範の中心から離れた存在をなおも組み入れ続けるためには、新しい言葉が生み出されなければならない。私自身はこの作業を、手話を生活言語とする友人たちと続けていくつもりである。森岡正博氏の解説には、出産を起点とする時間論の構想も展開されており、希望がある。

哲学の限界を拡張する対話が、世代や性別や言語のモードを超えて、絶えず続いていかんことを。

2021年8月12日

田中さをり

初出情報

各章大幅な加筆がなされているものの、論文やウェブ記事形式での初出情報を以下に記す。

はじめに
哲楽、手話の哲学入門〈1〉、二〇一七年

第1部　手話と哲学者のすれ違い

1　魂と声との強すぎる結びつき
「哲学史の中の聾者と手話——アリストテレスとヴントの視点から」『手話学研究』vol.26, pp.11-24, 2017.

2　手話－口話論争のジレンマ
哲楽、手話の哲学入門〈2〉、二〇一七年

3　音象徴と図像性

4　原始的な言語への曲解
「音象徴と図像性　日本におけるヴントの手話学説曲解の歴史」『現代生命哲学研究』No.6, pp.1-9, 2017.

第2部　時間論を手話空間で考える
書き下ろし

第3部　生と死の現実を産む性の視点で考える
書き下ろし

著者プロフィール

田中さをり（たなか・さをり）

編集者、文筆家。千葉大学大学院にて哲学と情報科学を専攻し、博士（学術）取得。現在、大学の広報に従事しながら、哲学や科学技術をテーマに執筆編集活動を行う。高校生からの哲学雑誌『哲楽』編集人。「現代哲学ラボ」世話人。インタビュー本に『哲学者に会いにゆこう』、『哲学者に会いにゆこう2』（ナカニシヤ出版）がある。

時間の解体新書
手話と産みの空間ではじめる

二〇二一年一〇月一五日　初版第一刷発行
二〇二一年一一月二〇日　初版第二刷発行

著　者　田中さをり
発行者　大江道雅
発行所　株式会社 明石書店
101-0021 東京都千代田区外神田6-9-5
電　話　03-5818-1171
FAX　03-5818-1174
振　替　00100-7-24505
https://www.akashi.co.jp/

印刷・製本　モリモト印刷株式会社

ISBN: 978-4-7503-5276-3
（定価はカバーに表示してあります）